苏菜新农人

江苏省蔬菜产业创新创业
典型案例

朱方林　编著

中国农业出版社
农村读物出版社
北　京

图书在版编目（CIP）数据

苏菜新农人：江苏省蔬菜产业创新创业典型案例 /
朱方林编著. —北京：中国农业出版社，2023.8
ISBN 978-7-109-31040-7

Ⅰ.①苏…　Ⅱ.①朱…　Ⅲ.①蔬菜产业—产业发展—
案例—江苏　Ⅳ.①F326.13

中国国家版本馆CIP数据核字（2023）第157088号

中国农业出版社出版

地址：北京市朝阳区麦子店街18号楼
邮编：100125
责任编辑：卫晋津
版式设计：杨　婧　　责任校对：吴丽婷
印刷：北京中科印刷有限公司
版次：2023年8月第1版
印次：2023年8月北京第1次印刷
发行：新华书店北京发行所
开本：700mm×1000mm　1/16
印张：15.75
字数：200千字
定价：120.00元

版权所有·侵权必究

凡购买本社图书，如有印装质量问题，我社负责调换。

服务电话：010－59195115　010－59194918

编著者名单

主　编：朱方林

副主编：朱大威

参　编（按姓氏笔画排序）：

马永发　王　康　王　超　王光飞　王其传　尤　春

毛成西　冯均科　刘　刚　刘　媛　闫洪朗　杨　斌

杨海燕　李　英　束　胜　吴力人　吴春芳　吴洁云

汪国莲　沈雪林　张　俊　张永泰　张洪永　张洪海

张翠娥　陈月桂　陈志超　陈国元　封　刚　顾闽峰

钱生越　徐亚兰　高晓东　黄　健　葛灿莇　谢春芹

谢鋆韬　廖开志　缪　进　缪　辰　樊晶慧　颜振峰

薛瑞祥

序 一

乡村振兴,关键在人才。习近平总书记指出,要激励各类人才在农村广阔天地大施所能、大展才华、大显身手。这为新时期做好新农人培育工作指明了方向。

为适应现代农业发展新形势新要求,加快科技与产业深度融合,2017年,江苏省全面启动省级现代农业产业技术体系建设,通过深化供需对接,强化示范带动,加快成果运用,引导农业科技人才下沉农业生产一线,支撑产业提质增效。目前,全省构建省级现代农业产业技术体系26个、设立集成创新中心26个、技术创新团队141个,各产业主产区稳定建设样板功能强、示范效应好的科技示范基地360余个。产业技术体系创新人才培养模式,以科技示范基地为依托,以技术创新团队为支撑,组织专家多对一、手把手,言传身教引航培育一批有理想、有文化、有技术、有活力的绿领新农人,打造农民新群体、农业新标杆、农村新面貌,有力促进农业科技成果落地和推广应用。

省级现代农业(蔬菜)产业技术体系产业经济研究团队守正创新,把握时代脉搏、深化服务内涵,从全省13个地级市筛选出59个江苏蔬菜新农人创新创业的典型案例进行汇编。他们如点点星火,活跃在江淮大地,闪耀在大江南北,为满足人民对美好生活的向往

1

做出了突出贡献。该书图文并茂、信息丰富，全面展示了江苏省蔬菜产业新农人带领农民共富的好形象、传播农业科技的好做法、服务乡村振兴的好典型，事例生动鲜活，文字简洁清晰，读来犹如亲临现场、感同身受、颇受启迪。

当前，全省正在深入学习习近平新时代中国特色社会主义思想。推进蔬菜产业高质量发展、建设农业强省需要一大批新农人接续奋斗。《苏菜新农人》已经诞生，期待更多体系产业经济团队研究专业新农人、发掘时代新主体、探索科技新模式，推出更多"苏粮新农人""苏牧新农人""苏渔新农人"。希望现代农业产业技术体系切实承担农业科技人的使命和担当，用新思想武装头脑，用新技术武装农业，用新标准武装农村，用新理念武装农民，秉持"三农"情怀，总结宝贵经验，发挥表率作用，通过传帮带引、跟班学习、基地实训，大力培育一批又一批新农人，为建设新时代"鱼米之乡"、加快建设农业强省提供有力人才支撑。

江苏省农业农村厅科技教育处处长、研究员

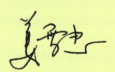

序 二

近年来江苏蔬菜产业快速发展，已经开始呈现生产区域化、产品优质化、经营品牌化、零售超市化的态势，蔬菜产业的发展肩负起了高效农业、外向型农业和农业（丘陵山区）开发、种植业结构调整的重任。

2017年江苏省建立了现代农业（蔬菜）产业技术体系，体系由产业技术集成创新中心、技术创新团队、推广示范基地3个层级组成，实行首席专家领衔、岗位专家负责、基地主任承接制。体系建立以来，紧紧围绕蔬菜产业链的科技需求，通过遗传育种、栽培与土壤肥料、病虫害防控与质量安全、设施装备与贮藏加工、产业经济、品牌创建、发展预警与市场风险控制等环节进行技术创新与集成应用，加快蔬菜新品种、新技术、新装备、新模式"四新"科技成果的推广，使江苏蔬菜标准化、产业化水平在国内处于领先地位，在国际上也产生了一定影响。

经过几年发展和培育，江苏省现代农业（蔬菜）产业技术体系打造出一批基础设施建设好、经营管理水平高、联农带农能力强的推广示范基地，涌现出一批怀揣乡村情怀、富有创业热情、具备优秀素质、掌握现代管理知识的蔬菜创新创业领头人。他们扎根基层、事迹突出、带动能力强，成为促进江苏蔬菜产业发展的重要力量。

推出一批蔬菜创业成功案例，突出典型引路、示范带动，可以催生更大范围的创业实践，对于推进蔬菜产业发展意义重大。蔬菜产业体系产业经济研究团队在本体系各推广示范基地的帮助下，从全省筛选出59个蔬菜生产经营主体创新创业的典型案例，将他（她）们发展壮大过程中酸甜苦辣的经历编著成册，形成了《苏菜新农人——江苏省蔬菜产业创新创业典型案例》一书。

本书图文并茂、事迹感人、案例生动，从多视角重现了"苏菜新农人"的成功实践，凸显了新时代蔬菜从业者百折不挠、发奋进取的创业精神，为蔬菜创新创业提供了可看、可学、可用的宝贵经验，具有较强的可读性、针对性和实践性。

本书所展现的是对已有成功案例的归纳和总结，期望读者能够寻找苏菜人创新创业成功的内在逻辑和基本规律，善于举一反三，积极探索实践。

衷心希望本书的出版，对促进江苏省蔬菜产业发展起到积极的促进作用。

南京农业大学"钟山学者计划"特聘教授、博士生导师
农业农村部华东地区园艺作物生物学与种质创制重点实验室主任
江苏现代农业（蔬菜）产业技术体系首任首席专家

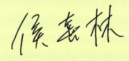

序　三

　　民以食为天，食以菜为先。蔬菜是我国人民膳食结构中极为重要的组成部分，中国人尤其喜食新鲜蔬菜。江苏地处南北气候过渡地带，发展蔬菜生产兼具南北之长，条件得天独厚。江苏蔬菜产值位居种植业首位，蔬菜产业是八个千亿级农业产业中分量最重的产业，也是江苏农业产业结构调整后的重点产业之一。蔬菜产业已成为江苏促进农民致富增收、稳定乡村社会经济的支柱产业之一。

　　为了加强典型引路，持续激发蔬菜产业内生动力，本书编写组依托江苏省现代农业（蔬菜）产业技术体系，通过实地调研、专家推荐等方式，遴选出具有代表性、发展较好的蔬菜生产经营主体，继而开展实地走访调查，全面了解典型主体的蔬菜生产经营情况，并进一步从创业人物、科技进步、销售策略、管理方式、区域禀赋、政策支持、发展规划等方面，深入挖掘成功做法和经验启示。历时四载，反复打磨，终于成书。

　　本书讲述了江苏蔬菜产业发展中涌现出的示范性强、影响力大、特色鲜明的创新创业典型案例。在介绍相关蔬菜企业、家庭农场、专业合作社、种植大户等生产经营主体概况的基础上，剖析其创业发展历程，分享创业心得感悟，从吃苦耐劳、科技进步、绿色生态、品牌建设、产业融合等方面总结创业经验，归纳出蔬菜经营主体良好发展的普遍规律，提炼出可持续、可复制、可推广的成功样板。

本书和更多蔬菜人分享了创业路上的成功经验和实践体会。书中有舍弃城市生活回村创业的爱农情怀，有遭遇困难时愈挫愈勇的咬牙坚守，有取得成功后助农致富的欣慰喜悦。更多的是，新时代蔬菜人呈现出的奋发作为、开拓创新、抓紧机遇、勇立潮头的精神面貌。

我们欣喜地发现，一批高学历、懂农业的80后、90后开始投身蔬菜产业。他们虽然略显稚嫩、欠缺经验，但是他们思维活跃，更善于接受新鲜事物，在蔬菜产业的现代科技应用、电子商务营销、品牌策划运营等方面占据独特优势。蔬菜产业后继有人，未来可期。

本书文字通俗、图文并茂，可为助力江苏省乃至全国蔬菜产业高质量发展、推进乡村振兴战略实施提供借鉴。我非常乐意向读者们郑重推荐。

江苏省农业科学院二级研究员
江苏现代农业（蔬菜）产业技术体系首席专家

目　录

第三章　无锡案例

第四章　徐州案例

第五章　常州案例

第十四章　宿迁案例

第一章
江苏省蔬菜产业发展概况

- 一、蔬菜种类和栽培特点
- 二、蔬菜产业现状分析
- 三、蔬菜产业存在的突出问题
- 四、促进蔬菜产业高质量发展的对策建议本章介绍了江苏省主要蔬菜种类和设施蔬菜发展情况，分析了江苏省蔬菜种植面积、产量的变化特征，探寻制约蔬菜产业发展的主要因素，提出针对性的对策建议。

一、蔬菜种类和栽培特点

（一）主要蔬菜种类

江苏省蔬菜资源丰富、品种繁多，主要包括叶菜类、根茎类、瓜菜类、菜用豆类、茄果类、水生菜类、其他蔬菜和食用菌类八大类。其中，叶菜类、茄果类、根茎类、水生菜类在江苏省都有相当大的种植面积。据不完全统计，江苏省叶菜类蔬菜占蔬菜总产量的比例最大，常年占全省蔬菜播种面积的30%～40%，主要包括小白菜、大白菜、青菜、菜心等。苏州、南通和徐州三市是江苏省叶菜类蔬菜播种面积较大的地区。茄果类蔬菜占江苏省蔬菜总产量的比例居第二位，平均占15%～18%，主要包括番茄、茄子、辣椒。连云港、徐州、淮安、泰州是江苏省茄果类蔬菜栽培面积较大的市。根茎类蔬菜作为江苏省加工出口蔬菜的主要类型，也有较大的栽培面积，占全省总播种面积的12%左右。徐州市丰县、沛县是江苏省根茎类蔬菜栽培面积最大的地区（侯喜林等，2018）。瓜菜类蔬菜播种面积占8%左右，以黄瓜为主。水生菜类蔬菜常年种植面积占全省蔬菜种植面积的8%左右，主要栽培莲藕、茭白、慈姑、荸荠、水芹等。太湖沿岸地区、里下河地区和洪泽湖沿岸是我国面积最大、品种最丰富的水生蔬菜产区。

（二）蔬菜主要栽培特点

江苏地处我国南北气候过渡带，位于大陆东部沿海中心，位于东经

116°18′—121°57′、北纬30°45′—35°20′。江苏以地形地势平、河湖众多为特点，平原、水面所占比例之大，在全国居首位，这成为江苏一大地理优势。江苏省气候具有明显的季风特征，处于亚热带向暖温带的过渡地带，大致以淮河—灌溉总渠一线为界，以南属亚热带湿润季风气候，以北属暖温带湿润季风气候。全省气候温和，雨量适中，四季分明。

依据江苏介于我国南北气候过渡带的气候特征，江苏蔬菜栽培特点是露地栽培和设施栽培兼顾，以设施蔬菜为主的高效农业占地面积约1250万亩*，占耕地面积18.1%，占比居全国之首。1999年以来，高效设施农业面积占全省蔬菜播种面积的比例从21.5%增长到55.6%左右（马金骏等，2017）。江苏省设施蔬菜每年以占耕地面积1%左右的速度增长（高慧婷等，2018），产量占蔬菜总产量的一半以上。设施栽培的主要蔬菜种类包括茄果类、瓜菜类、菜用豆类、甘蓝类、白菜类、葱蒜类、叶菜类、多年生类、食用菌类等十余大类上百种。设施蔬菜产业的发展为蔬菜周年均衡供应提供了重要保障。近十年来，通过大面积推广应用以日光温室、塑料大中棚、地膜等抗低温冷害为主的保温设施，以遮阳网、功能性棚膜等遮光、降温、防暴雨等为主的夏秋抗灾防护设施，以喷灌滴灌、水肥一体化等为主的节水灌溉设施（倪林，2013）和示范应用设施环境自动化调控设备及物联网技术，全省初步形成具有江苏特色的设施蔬菜栽培模式，促进设施蔬菜提档升级。

二、蔬菜产业现状分析

（一）蔬菜生产基本情况

江苏省蔬菜产值位居种植业首位，是八个千亿级农业产业中分量最重

---

* 亩为非法定计量单位。1亩=1/15公顷。

的产业，也是江苏省农业产业结构调整后的重点产业之一。2015—2021年，江苏省蔬菜种植面积稳定在2100万亩左右，2021年达到2180万亩；蔬菜总产量和单产呈波动增长态势，总产量从2015年的5596万吨增长到2021年的5857万吨，单产水平从2015年的2606公斤／亩增长到2687公斤／亩。江苏省蔬菜区域分布明显，基本形成淮北菜区、沿海菜区、环湖菜区和城郊菜区四大菜区，其中淮北菜区已成为全国最大的设施蔬菜和出口蔬菜产区之一。

2015—2021年江苏省蔬菜生产情况

（二）蔬菜产业在全国的地位及其比较优势

江苏省蔬菜产业在全国蔬菜产业中占有重要地位，为全国蔬菜保供做出了重要贡献。2021年江苏省蔬菜种植面积占全国的6.6%，排在河南、广西、山东、贵州、四川之后，位居全国第六，其中与河南差距较大，与山东、广西、贵州、四川种植面积相当。2021年江苏省蔬菜总产量占全国的7.6%，位居全国第三，明显低于山东、河南两省，略高于河北，明显高于其他省份。江苏省蔬菜单产始终处于全国中游水平。2021年江苏省蔬菜总产值达2203亿元，占全国的7.7%。从全省来看，2021年江苏省蔬菜产值占农业总产值的50%。

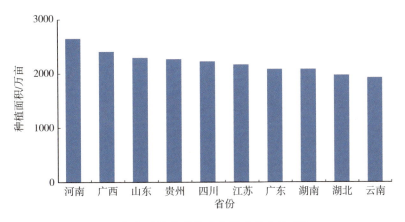

2021年全国蔬菜种植面积排名前十的省份

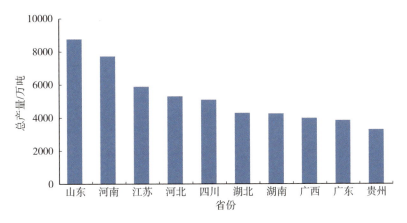

2021年全国蔬菜总产量排名前十的省份

2015—2021年江苏省蔬菜生产产值基本情况

从国内相关因素分析，江苏省发展蔬菜产业有以下比较优势：具有良好的资源优势和生态环境；具有明显的区位和经济实力优势；具有较强的科技优势。从江苏省农业产业内部分析，蔬菜产业具有比较效益高、产业规模大、吸纳劳动力强的优势。

近年来，江苏省涌现出一批与蔬菜产业相关的农业企业，如江苏嘉安食品有限公司（南通）、连云港口福食品有限公司、江苏荷仙食品集团有限公司、江苏省大华种业集团有限公司（南京）、连云港每日食品有限公司、江苏中江种业股份有限公司、江蔬种苗科技有限公司（南京）、徐州黎明食品有限公司、江苏凌家塘市场发展有限公司、南京绿领种业有限公司、南京理想农业科技有限公司等。江苏省现已形成徐州淮海蔬菜批发市场、淮阴清江批发市场两大区域性中心市场以及南京众彩农副产品批发市场有限公司、常州凌家塘市场、无锡朝阳市场、苏州南环桥市场、扬州联谊市场等中心城市蔬菜批发市场。全省形成了十大国家级蔬菜批发市场，培育了一批有较高知名度的蔬菜品牌，淮安黄瓜、溧阳白芹、沙塘韭黄、宝应慈姑、如皋黑塌菜、吴江香青菜等农产品地理标志产品享誉全国，还有宝应莲藕和淮安红椒等名牌产品。

（三）蔬菜产需情况分析

从产需情况看，2021年江苏蔬菜产量5857万吨，以江苏人口8505万人、人均蔬菜及菜制品消耗量119.77公斤（《江苏省农村统计年鉴》）计，蔬菜需求量为1019万吨，产需比约为5.7∶1；从全国范围看，江苏以占全国6.0%的人口，生产了占全国7.6%的蔬菜，说明江苏的蔬菜供应高于全国平均水平。即使将蔬菜生产、加工、销售各环节的损耗率计算在内，数据表明：江苏蔬菜的总体供应量充足，能够适应本省消费需求；且能供应长三角经济带的大中城市，水生蔬菜可销往北方大城市；还有相当可观的数量能用于外贸出口。

三、蔬菜产业存在的突出问题

（一）科技创新与转化能力不强，有待提高

育种基础研究薄弱，在蔬菜种质资源收集、整理、评价及育种方法、技术等方面的基础研究不够；在商品品质、复合抗病性、抗逆性等方面的育种水平与世界先进水平差距较大（冯均科，2013），适应设施栽培、加工出口、长途运输等的蔬菜品种缺乏；良种良法不配套，栽培技术创新不够、储备不足；基层蔬菜技术推广服务人才短缺、手段落后、经费不足，技术进村入户难；轻简栽培技术集成创新也亟待加强。

（二）蔬菜生产设施薄弱，抗灾能力亟待提高

极端天气侵袭江苏省的事件时有发生，倒春寒、暴雪、冰雹、强降雨等气象灾害不仅频繁发生（唐威，2018），而且发生范围广、程度深、危害大，对蔬菜生产造成严重影响。目前，江苏省蔬菜生产设施、基础设施薄弱的问题仍然十分突出，小型简易生产设施占主导，结构性能不优，保温、抗风雪和抗暴雨能力差；水利设施建设跟不上，田间灌排能力不足，沟渠道路不配套，抵御自然灾害的能力不强。

（三）技术装备水平不高，综合生产能力有待增强

在技术方面，产学研协同创新机制不完善，技术研发与生产需求结合不紧密，新成果转化、推广过程较长，生产技术与世界先进水平差距较大。在装备方面，产前集约育苗、产中"两网一灌"、产后商品化处理等设施应用还不多，蔬菜生产机械化水平低，综合水平在35%左右。在产品标准化方面，生产技术规程应用不到位，产品质量不太稳定，可追溯产品少，不利于品牌建设。在产品流通方面，主要依靠常温物流，适应现代物流的田头预冷和冷链设施匮乏，贮运保鲜技术落后，产生蔬菜商品质量差、运耗大、食用不便等诸多问题。

（四）资源环境承载压力加大，亟待转型发展

蔬菜生产依赖高复种指数、高化肥农药投入的生产模式，环境承载压力大，土地长期得不到休养生息。江苏省全省季节性缺水、苏南水质型缺水、苏北水源型缺水，部分地区土壤存在磷钾富集、土壤酸化和重金属污染的问题，农膜残留问题突出，蔬菜生产环境污染状况严重。土壤盐渍化、连作障碍等发生严重，在一些蔬菜主产区土壤病害的发生概率已经达到八成左右。根结线虫病、立枯病、枯萎病、猝倒病、菌核病、炭疽病和根腐病等发生比较严重，严重制约蔬菜产业的可持续发展。

（五）生产成本持续升高，比较效益不稳定

受能源涨价影响，化肥、农药、农膜等农资价格不断上涨，加之土地租金、生产用工费用增加，蔬菜生产成本不断上升，比较效益不稳定。根据《全国农产品成本收益资料汇编》数据，2021年江苏省西红柿、圆白菜、大白菜、菜花、萝卜5种露地蔬菜的平均生产成本比2011年上涨119.5%。蔬菜产品价格形成机制不合理，市场销售不畅，供需信息不对称，市场价格波动频繁，优质难优价。此外，产业区域布局、品种茬口安排等存在不合理性，跟风种植问题突出，产品同质化现象严重，容易发生上市档期集中，产品结构性、暂时性过剩，导致滞销卖难和无序竞争，制约产业效益提升。

（六）产业链不完善，经营机制有待创新

蔬菜生产从业农民老龄化、兼业化趋势严重，一家一户的小规模分散经营模式与大市场尚未形成有效衔接体系，效益受市场波动影响较大，生产不稳定。蔬菜龙头企业数量少，资金、技术、营销实力不强，企业品牌在省外影响力低。产前、产中、产后的服务体系不完善，农技服务能力难以适应蔬菜产业快速发展的需要，种苗繁育、农机作业、统防统治、产

品营销等专业化服务跟不上，迫切需要创新机制，着力提高社会化服务水平。

四、促进蔬菜产业高质量发展的对策建议

（一）加大对蔬菜产业创新链的投入

建议对蔬菜特色种质创新、新品种选育、种子繁育和加工、绿色优质高效生产、保护设施及机械化、蔬菜贮藏加工及营养、蔬菜流通及产业经济等产业创新链加大科技投入力度。

联合科技力量攻关，加大研发新技术的力度。创制优异种质及品种选育技术、蔬菜种子加工及检测技术、蔬菜生理障碍与连作障碍防控技术、蔬菜集约化育苗技术、蔬菜施肥技术、苏北日光温室蔬菜栽培技术、大棚蔬菜栽培技术、绿叶蔬菜周年安全生产及特色露地蔬菜栽培技术、水生蔬菜栽培技术、蔬菜病虫害综合防控技术、蔬菜生产机械化技术、蔬菜保护设施构型优化技术、蔬菜采后处理及产品深加工技术、蔬菜产品的清洁化及无害化处理技术、蔬菜营养功能成分检测与安全评估技术、蔬菜保鲜及冷链物流技术、蔬菜产业链物联网及信息服务与共享技术等。

（二）以抢占国际市场为战略目标

以抢占国际市场为战略目标，以提高市场竞争力为核心，调整发展思路，实现三个转变，即从以注重数量和扩大外延为主向提高质量和挖掘内涵转变、从以劳动密集和粗放经营为主向劳动＋技术密集和集约经营转变、从以立足省内国内市场为主向国际国内两个市场一起抓转变，为实现农业增效、农民增收和发展现代农业做出更大贡献（王宝海，2007）。

蔬菜质量、产量的竞争关键是蔬菜品种的竞争。在党和政府及全省人民共同努力下，近年来江苏省蔬菜产业发展取得了巨大成就。在看到成绩

的同时，必须看到蔬菜产业发展进程中还存在许多矛盾和问题，掣肘蔬菜产业的持续稳定发展。要想在蔬菜竞争中掌握主动权，就必须拥有优良的品种和先进的育种技术（肖蓉，2011）。在市场需求方面，人们对优质安全产品的消费需求增加、国际市场对江苏出口蔬菜的需求加大、加工品市场的加工需求潜力巨大。

（三）构建更加科学的蔬菜产业布局

按照区域化、规模化、特色化发展方向，科学构建全省蔬菜产业布局。一是苏北地区建设绿色蔬菜基地。以淮北设施蔬菜区和沿海滨江蔬菜区为重点，发展具有较强市场竞争力的中高端设施蔬菜和特色出口蔬菜，建立以牛蒡、大蒜、西蓝花等特色蔬菜加工为核心的标准化加工产业体系。二是苏中地区打造订单蔬菜基地。以南通为重点，以生产速生叶菜、豆类蔬菜等不耐贮运的蔬菜、地方特色蔬菜及沪销蔬菜为重点，适度发展水生蔬菜、功能性蔬菜种植，建成长三角大中城市"菜篮子"基地。三是苏南地区打造精品蔬菜基地。主抓南京都市圈蔬菜产区和苏南城郊精细蔬菜产区生产，向高端设施化、精品化方向发展（朱方林，2018），满足本区域精致叶菜、高端蔬菜、功能性蔬菜的需求。

（四）加快提升蔬菜产业设施装备和技术水平

一是推进高标准蔬菜基地建设。重视"菜篮子"基地建设与保护，改造提升田间基础设施。二是推进生产设施和技术提档升级。推广设施构型优化、水肥一体化、智慧农业、物联网技术。三是推进蔬菜生产机械化。在茄果类、瓜菜类、甘蓝类和水生菜类生产机械化方面实现突破，加强蔬菜快速移栽、机械收获、智能管控等技术应用，促进农机和农艺融合。

（五）强化蔬菜产业绿色发展

一是推进耕作制度和耕作方式改进。全面推行科学的轮作模式，包括菜菜轮作、粮菜轮作、菜菌轮作、菜肥轮作、湿（水）旱轮作等。二是推进肥药减量施用。推广有机肥替代部分化肥，高效水溶肥替代普通复合肥。推进病虫害绿色防控，应用新型植保器械、生物农药、高效低毒低残留农药。三是推进生态循环农业。推进废弃物资源化利用。推广生态循环农业模式，如秸秆–食用菌–有机肥、沼液–果（菜）、藕（茭白）–虾（泥鳅）复合种养等模式。

（六）强化蔬菜产业经营主体建设

一是大力培育蔬菜新农人。加强对家庭农场、农民合作社等蔬菜新型经营主体的政策扶持，积极发展蔬菜产业化联合体，让菜农获得更多收益。二是加强加工流通体系建设。进一步减少流通环节，降低流通成本，建立完善高效、畅通、安全、有序的鲜活农产品流通体系。三是加强蔬菜一二三产业融合发展，扩大乡村休闲旅游影响力。

主要参考文献

冯均科，2013．昆山市蔬菜产业现状及发展对策研究[D]．南京：南京农业大学．

高慧婷，严红卫，沈晨，2018．张家港地区小青王子南瓜优质高效栽培技术[J]．长江蔬菜（23）：18–19．

侯喜林，张昌伟，2018．江苏蔬菜产业发展目标与工作思路[J]．长江蔬菜（2）：20–22．

马金骏，顾鲁同，曾晓萍，等，2017．供给侧结构改革背景下江苏省蔬菜产业绿色发展思考[J]．中国园艺文摘，33（12）：54–56．

倪栋，2013．江苏蔬菜产业大县的现状分析与发展策略：以沛县为例[D]．南京：南京农业大学．

唐威，2018．苏南地区蔬菜产业发展路径观察[J]．江苏农村经济（12）：63–64．

王宝海，2007．江苏省蔬菜产业现状与发展对策[J]．中国蔬菜（3）：5−7．

肖蓉，2011．江苏省蔬菜新品种开发的经济效益研究[D]．南京：南京农业大学．

朱方林，2018．从经济学角度看江苏蔬菜产业布局[J]．长江蔬菜（2）：22−23．

第二章
南京案例

- 欢乐农业体验的"开拓者"
- 唱响"田园牧歌"的大学生村官
- 带领农民增收致富的电商标兵
- 扎根田野的新农人
- 蔬菜机械化生产及社会化服务"急先锋"

欢乐农业体验的"开拓者"

——南京丰硕农业发展有限公司创始人高凤元

南京丰硕农业发展有限公司（以下简称"丰硕农业"）成立于2009年，位于风景秀丽的南京江宁区汤山龙尚湖畔，占地面积约300亩，现拥有一支50余人的专业化技术团队。公司以"改善生态环境，促进民众健康"为企业使命，致力于为消费者提供高品质的有机农产品和欢乐的农业体验。公司创始人是从非农领域跨界进入农业领域的企业家高凤元。

高凤元（右一）对市民进行农业科普

2009年，作为多个网咖店老板的高凤元与公司管理人员在汤山参与农家乐，品尝到小时候味道的青菜烧豆腐。这激发了他对农业的情怀。于是，他很快决定进入农业领域进行创业。他在汤山街道龙尚村租赁40亩土地，种植有机蔬菜，追求蔬菜健康绿色，开始主要供给公司内部人员和亲朋好友。随后扩大至300亩面积，建立种养循环农业生产模式，通过猪粪发酵为腐熟有机肥和沼液进行绿色施肥。随着蔬菜产量增加，他建立起与一些酒店的稳定供应关系。

目前，丰硕农业以绿色种植为主，主要种植叶菜类、茄果类等应季蔬菜，以及可供采摘的瓜果类蔬菜（葡萄、草莓、樱桃小番茄、桃树等）和药膳类蔬菜（田七菜、紫背天葵、罗布麻、羽衣甘蓝和非洲冰草）。瓜果类蔬菜种植面积40亩，果树种植面积10亩，年可生产果蔬150吨。2020年，公司主营业务收入300万元，利润额60万元。公司建有30亩智能化生产棚室，400平方米高架育苗温室，全部采用无土栽培（基质培）模式，应用物联网管控，水肥一体化精准灌溉，采用物理生物方式防控病虫害，生产高品质绿色瓜果类蔬菜，带动了农业生

丰硕农业种植大棚

产向绿色健康高质量发展。公司已注册"幼农"牌蔬菜商标，积极申请绿色、有机农产品认证，并申请成为江苏省现代农业产业技术体系江宁蔬菜推广示范基地和南京（草莓）示范基地，定期组织绿色果蔬种植培训会，带动周边种植户增产增收。

2018年，在江宁区"263"整治中，公司收缩生猪养殖规模，扩大农文旅产业。公司把握当地产业指引导向，积极向休闲农场模式转变，发展种养循环生产模式。龙尚村按照打造旅游度假区"后花园"的发展定位，聚焦农业观光、农趣体验、农家休闲等业态，成功塑造了乡村田园综合体"龙尚漫谷"品牌。在街道和村委会的鼓励和扶持下，公司开始建设欢乐农场。村委会负责农场外围环境打造、道路建设，公司在农场内建设以草莓、番茄、叶菜和根茎类蔬菜采摘为主的项目，发展以餐饮服务、牧渔体验、动物观光为辅的欢乐农场。

青少年农业科普活动

　　随着江宁"龙尚漫谷"生态旅游发展规划的实施，丰硕农业充分发挥区域资源优势，建立了完善的农产品质量安全追溯体系，大力发展绿色农业、有机食品产业，并借力特色田园乡村建设，打造一二三产业相融合的科技示范基地。丰硕农业与服务业相互渗透，开发了多种功能有机农业，挖掘乡村生态休闲、旅游观光、文化教育的价值，用科技走出一条独具江宁区特色的乡村振兴道路。

　　丰硕农业在不断奋斗中获得了社会各界的认可，近几年相继获得江宁区农业产业龙头企业、江宁区农产品质量安全示范基地、江宁区农民专业合作社区级示范社、田头检测室等荣誉。公司产品相继获得绿色食品A级产品及南京市优质草莓特等奖、金奖等。

获得荣誉

唱响"田园牧歌"的大学生村官

——南京田原牧歌农业发展有限公司创始人周强

周强，毕业于南京工业大学，创立了南京田原牧歌农业发展有限公司，现任南京市六合区雄州街道泰山社区党总支书记、南京园博农业发展有限公司总经理，兼任江苏省青联农业界别秘书长、共青团南京

周强在操作农机

市委常委，先后荣获全国农村青年致富带头人、江苏青年五四奖章、江苏省优秀大学生村官、南京市优秀民营企业家、南京十大杰出青年、南京市优秀共产党员等荣誉称号，是江苏省青年讲师团成员、南京市大学生职业生涯规划导师，2019年被列入"南京市中青年拔尖人才计划"，2020年入选江苏省乡土人才"三带能手"。

2010年大学毕业后，来自湖北农村的周强，凭着对农村的浓厚感情，毅然决然地选择来到南京市六合区钱仓村，成为一名大学生村官。

2011年9月3日，村里一块18亩的大棚地承包者"跑路了"，村民的租金也因此发不出来。周强雇了8个村民，带着2个大学生村官，总共11人，花了一天时间采摘了1000斤*左右的蔬菜，骑着三轮车拉着菜连夜赶往距

---

* 斤为非法定计量单位。1斤＝0.5千克。——编者注

离基地20公里的江北农副产品批发市场，从凌晨3点卖到次日早上7点，但一共只卖了130元，连帮工的村民工资都不够。这件事对周强触动很大，他深感菜贱伤农。适逢国家出台了一系列支持鼓励大学生村官创业富民的利好政策，他由此萌生了创业的想法。

2011年底，周强和另外两个大学生村官筹到50万元，成立了南京田原牧歌农业发展有限公司。创业初期，由于一味套用书本理论知识、减灾防灾意识薄弱、盲目扩张等，两年时间，周强没有赚回来一分钱，到后期，甚至连工人的工资也发不出来。那段时间，周强的压力极大，整宿整宿睡不着觉。放弃吧，付出了两年多的心血，实在不甘心；继续坚持，又没有资金支援。同为大学生村官的同事于心不忍，劝他："要么算了吧！这两年你做的事我们都看在眼里，我们的钱就不要了。"听到这话时，周强心里很感动，但也莫名有些失落。

2013年，政府出台了新政策，大学生村官每人每年可以免担保贷款10万元。事情终于迎来了转机。周强很兴奋，他说动了两位大学生村官，再次投入创业项目中。

周强（左一）在向农户进行访谈

这一次，经过一番充足的市场调研，周强改变了策略，他把自己承包的30个大棚分给了6户农户，不要租金，只附加了一个条件："种出来的菜只要保质保量，我承诺一律按市场批发价收购。"同时，他借助相关政策帮农户对接了南京市蔬菜研究所、江苏省农业科学院的专家，请专家们来免费给农户提供技术指导。

随后的一年，他看到了效果，他们开设的直营超市营业额比自己种地时翻了10倍还多。

后来，他抓住市场红利期，迅速在南京扩充钱仓农副产品平价直销店分店，最高峰时多达17家。与此同时，他以钱仓现代农业示范园区为载体，承包了更多土地进行蔬菜种植。通过"公司＋基地＋农户"的运作模式，将设施大棚分配给会员农户，为农户提供统一的技术规范和生产指导，并为农户提供自愿回购、保底收购的服务，最大限度降低农户的技术风险和市场风险。

社区新零售兴起后，周强抓住商机，打造了"南京帮"社区生鲜O2O平台，支持线上交易、送货上门，让"菜篮子"真正走进千家万户。下一步，公司将以轻资产模式在南京市范围内开办50家社区生鲜超市，以"南京帮"社区生鲜为平台，线上交易，线下4小时送货上门，真正打造南京人身边的网上"菜篮子"。

周强（左一）在和会员农户讨论蔬菜种植

2019年南京田原牧歌农业发展有限公司营业收入达到2382万元，带动8户会员农户年均增收3万元，带动228户协议农户年均增收约8000元，带动28个合作基地约3万亩蔬菜产区效益提升20%以上。公司在江北农副产品市场和众彩市场建有2个物流配送中心，拥有食品安全快速检测实验室2个，成为六合区农产品质量安全检测B级良好示范单位，并自建蔬果保鲜库400立方米、冷冻库600立方米，拥有生鲜配送车12辆，包含9辆冷藏车。

公司先后获得共青团中央"精准扶贫·助力农产品上行"优秀项目、中国青年电商联盟会员单位、江苏省农产品质量安全追溯管理示范单位、江苏省农民田间培训学校示范基地、南京市级农业产业化龙头企业等荣誉。

带领农民增收致富的电商标兵

——南京荟萃农业发展有限公司

南京荟萃农业发展有限公司成立于2013年8月，是一家从事蔬菜生产经营的公司。公司立足绿色、安全，采用种养结合的循环模式，为市民们提供安全放心蔬菜。公司依托华成蔬菜专业合作社，联合公司员工及周边蔬菜种植户，共同发展。公司建立线上销售平台，利用"互联网＋农产品"的销售方式，为农户打开蔬菜销售新渠道，带领农民增收致富。

公司位于南京市溧水区和凤镇万亩蔬菜产业园内，蔬菜种植基地面积2000多亩，种植品种包括了九大类60多个品种。在公司发展的前几年，由于常年种植蔬菜使用大量化肥、农药，土壤盐渍化严重；同时由于基地蔬菜品种繁多，换茬频繁，农业废弃物增加。这些废弃物无法得到合理的利用，或丢弃在田头，或丢弃在垃圾场，不仅污染了环境也浪费了资源。如果这些瓜皮菜叶能够得到合理的堆沤发酵，便可以发挥很大的作用。于是，公司和华成蔬菜专业合作社提出了建立"种养结合的循环农业"的想法，以合作社的200亩土地作为核心试验区，合理利用土地引

大棚蔬菜种植

21

进鸡、鸭、鹅进行养殖，同时在大棚中建设沼气池，以瓜皮菜叶作为畜禽的食物，将畜禽粪便和菜地中剩余的瓜皮菜叶按合理的比例放进沼气池堆沤发酵，堆沤出来的沼渣沼液作为蔬菜

蔬菜分装待运

种植过程中的肥料，从而建立起一套"种养结合的循环体系"。该循环体系成功运作，解决了基地内80%以上的农业废弃物，减少了20%的农药使用，同时提高了蔬菜产量与品质，为合作社社员及周围农户增加了收益。

公司在不断运营以及与兄弟企业接触交流的过程中发现，溧水区农业企业存在规模小、投资小、销售模式单一、运作成本高、从业人员整体素质偏低以及整个产业发展相对滞后等问题。随着生活水平的不断提高，群众对于农产品的品质要求越来越高，更多的人希望能买到新鲜放心的蔬菜。近几年，网络发展迅速，任何东西几乎都能在网上买到，但是在溧水区还没有一个专业做农产品销售的电子商务平台。公司设想，如果基地的蔬菜也能实现网上销售，那又增加了一条销售渠道，既可以增加品牌的知名度，又能让更多的人买到安全放心的蔬菜。在蔬菜集

大学生电商团队

中上市时，采用团购、聚划算、线上线下结合的销售方式也能解决产品滞销的问题。2014年10月，公司基于合作社的平台建立了"华成蔬菜商城"，由荟萃农业的大学生团队运作。

刚开始，"华成蔬菜商城"将客户服务范围定位到全国，利用快递送货，但很快遇到了瓶颈。有一次，快递延误导致配送苏州的一批番茄几乎全部变质，客户投诉不断，团队花了很大的成本和时间才处理好售后问题。此外，还有外地客户反映蔬菜不新鲜、有异味等问题。由于基地自有蔬菜都是自然成熟，不使用任何催熟剂，同时番茄、叶菜等不便长途运输，特别容易出现变质和磕伤的问题。团队面临售后服务困难、运送及换货成本高的问题，这样的状态持续了半年时间。经过研究，团队决定改变思路，将销售范围定在溧水城区，放弃外地客户，在本地采用会员制宅配送的方式，自建物流体系。团队根据消费者家庭需求制定不同的套餐，叶菜类、茄果类、杂粮和食用菌类合理搭配，一周两次送货上门，满足一个家庭一周所需蔬菜，用自己的物流，做到当天采收当天到达客户餐桌。客户群体主要包括白领、医生、教师、全职妈妈等。经过实践，客户对此都有较高的评价。

继商城成功运作之后，团队乘胜追击，创建了微信小程序。由于现在用电脑端的会员越来越少，很多人都是手机下单，为了方便会员下单，商城也跟上潮流，在微信小程序中将产品与商城同步呈现，推出了团购、买就送、基地体验等一系列优惠活动，同时配合会员体验种植、采摘等田间劳作，年接待上千

获得荣誉

23

名会员在基地体验农家劳作及品尝农家菜肴。2020年春节，受疫情影响，很多客户对套餐蔬菜的需求越来越大，线上的订单也越来越多。与此同时，南京新农集团与市妇联找到公司，想要与电商团队合作配送蔬菜套餐到去武汉支援的医护人员家中。受疫情影响，返工困难，分拣和配送人员不够，公司决定暂时关闭电商平台，全力配合新农集团配送"暖心菜"，为他们开启特殊通道，每天平均配送500多份，分拣人员一天工作近10小时，为的就是让医护人员家属在这段特殊时期能够吃到新鲜、放心的蔬菜，也为支援一线的医护人员做好后勤保障工作，献出公司的一份力量。

自建成电商平台以来，公司对基地及周围农户带动很大，以保护价收购合作社社员和周围农户的蔬菜。农户只需要种植蔬菜，不需要担心价格和销路的问题。在蔬菜大量上市的季节，公司借助电商平台组织线下采摘、认领等活动。农户不再担心蔬菜滞销问题，户均收入相比往常增长1万元左右。公司带动周围百户农户，建成千亩蔬菜种植基地，还给周围农户提供了大量就业机会，分拣包装、仓储管理、种植管理、物流等岗位安排就业50多人，同时还专门与江苏省农业科学院、南京市蔬菜科学研究所、南京农业大学等科研院所、高等院校合作，聘请相关专家对农户进行蔬菜种植技术培训，帮助农户提高种植技术，实现增收致富。

扎根田野的新农人

——南京亮勇农副产品专业合作社理事长李永亮

李永亮，男，1975年出生，宿迁人，南京亮勇农副产品专业合作社理事长，南京市江宁区乡村振兴新农人。

只有小学文化的李永亮曾是宿迁市泗洪县的一名普通农民，祖祖辈辈都是地地道道的农民，年轻时在老家从事水稻种植。由于家庭人口多，家境贫寒，农业生产效益低，生活极为困难。不甘于现状、善于观察思考的他，24岁独自一人

李永亮

走出泗洪，携带2000斤麦种、1台农用手扶拖拉机，从泗洪到南京，怀揣一种不服输的韧劲，经人介绍，在南京市江宁区谷里街道柏树社区流转38亩农田开始了农业生产。

在为社区种植水稻的四年里，他不断积累经验，苦心钻研，在生产技术上下功夫，时常自己一个人在田间观察水稻长势，从一开始只会开拖拉机，到通过自学，插秧机、无人植保机、收割机也渐渐地得心应手。谷里街道作为农业主导型街道，近年来，在乡村振兴、美丽乡村方面的发展越来越好。他看准时机，始终相信为别人打工永远不能出人头地，于是通过几年的打工积累，自己流转了近100亩土地，从事水稻和蔬菜种植各

50亩。

他性格老实，为人随和，做事肯吃苦，又年轻能干。随着谷里园区蔬菜产业的不断壮大，园区购置了70余台蔬菜生产机械，全部交由他管理。通过不断地摸索，他从最初的只会驾驶，慢慢地发展成既会保养又会维修的能手。看着自己流转的土地渐渐带来了效益，2021年他看准时机，又拿下了100亩土地，投入资本100万元，召集成员5人，注册了南京亮勇农副产品专业合作社。南京江宁谷里农业园区连续召开了五届中国江苏蔬菜种业博览会，进行新、奇、特、异蔬菜新品种的展示。李永亮年年参加观摩学习，挑选博览会推荐的性状评比较好的小青菜、甘蓝、菠菜、苋菜、菊花叶、马兰头等40种适合南京气候特征的蔬菜进行种植。同时，为了提升蔬菜种植效率，积极推广"机器换人"，自己配备了蔬菜机械10台。现在他种植的蔬菜基本上从整地、开沟、起垄、施肥、播种、定植、肥水管理到部分蔬菜的采收已基本实现机械化生产，大大减少了劳动力成本，亩均节约成本1000～1200元。在用工繁忙季节，合作社还为其他种植户提供农业机械作业服务，收取一定的服务费。好的品种和机械化种植吸引了众多市、区农贸市场经营主体亲自下来拿货，提升了生产效益。

李永亮（右一）示范农机作业

2022年在相关部门的支持下，他申报了连栋钢架大棚建设项目，总投资90万元，开展设施栽培和认领菜园的新模式。从一开始的2000斤稻种、1台手扶拖拉机，发展到现在，李永亮在江宁谷里街道购买了1套房、2辆车，在谷里安了家。

李永亮成为扎根田野并获得满意回报的新农人，他坚信党的农业农村政策将越来越好，农业一定会成为有奔头的产业，农民一定会成为体面的职业，只要肯吃苦耐劳，依靠科技，新农民一定会成为年轻人向往的职业。

蔬菜机械化生产及社会化服务"急先锋"

——南京牛首农副产品专业合作社

南京牛首农副产品专业合作社成立于2006年，位于南京市江宁区谷里街道。合作社以农民入股、保底分红的模式，采取"合作社＋公司＋家庭农场"的方式，对农户的土地统一进行流转并集中规划建设与使用，带动农业增效、农民增收。

目前，合作社已建成连片设施大棚（包括玻璃温室、连栋大棚、8332型钢架大棚等）5000亩、有机叶菜防虫网500亩、温室育苗中心3000平方米、保鲜冷库和包装配送中心500平方米、农资连锁超市100平方米，建成完善的蔬菜田头生产电子档案和质量安全可追溯体系。合作社引进国内外蔬菜品种70多个，包括叶菜类、茄果类、根茎类及瓜类蔬菜等。合作社在生产过程中严格执行质量管理体系和有机、绿色生产技术规程，实行标准化生产，获国家级绿色食品8个、GAP认证2个。

2017—2022年，南京市农业装备推广中心先后在谷里街道推进设施蔬菜"机器换人"工程和市级蔬菜生产农机装备示范推广基地建设。合作

农机库房

社在该中心支持下，依托省、市、区以及街道各类财政项目，投入500余万元，引进各类设施蔬菜生产加工机械设备96台（套），功能涵盖耕整地、起垄、施肥、播种、种植、灌溉、植保、收获、初加工、智能化控制等设施蔬菜生产全过程。合作社设施蔬菜生产机械化水平得到显著提升，其中小白菜、菊花叶、空心菜等叶菜类蔬菜生产关键环节机械化水平达到85%，番茄、辣椒、黄瓜等茄果类蔬菜生产关键环节机

蔬菜机械化生产示范

械化水平达到75%，韭菜生产实现耕整地、播种、田间管理、收获、整理包装一条龙机械化。合作社设施蔬菜生产机械化水平全省领先。

在南京市农业装备推广中心指导下，依托装备、技术和人才优势，合作社成立了全省第一个蔬菜机械化生产社会化服务组织——谷里蔬菜机械化生产服务队，配备专业机手5名，为合作社成员及周边农户提供高效化、标准化的设施蔬菜生产全程机械化作业服务，提升农机社会化服务能力。服务队年均完成农机社会化服务作业面积超过1.1万亩次，连续服务了五届中国江苏蔬菜种业博览会。

依托蔬菜生产机械化技术应用及社会化服务创新，生产效率明显提高、生产成本明显降低。与人工作业相比，韭菜、空心菜、菊花叶等叶菜类蔬菜在施肥、旋耕、开沟、播种、植保、收获等环节通过"机器换人"实现亩均节约成本948.8元，辣椒、茄子、番茄等茄果类蔬菜在施肥、旋耕、起垄、移栽、植保等环节通过"机器换人"实现亩均节约成本803.8元。

蔬菜机械化生产示范

　　2017年以来，合作社举办多期现场观摩会、技术培训班，先后接待了来自北京、山东、新疆、河南等省份，以及江苏各地市的设施蔬菜机械化考察团超过5000人次，强化了成果宣传，促进了技术推广。谷里作为南京市重点打造的蔬菜生产机械化全程全面高质高发展的示范点，早已名声在外。十三届全国人大常委会副委员长吉炳轩，农业农村部总畜牧师、农村合作经济指导司司长张天佐等领导先后莅临合作社指导。近些年，合作社先后荣获全国优秀蔬菜生产商、全国农民专业合作社示范社、全国科普惠农先进单位、全国绿色产业化示范单位、江苏省农业优秀企业等荣誉称号。

第三章
无锡案例

- 90后新农人
- 打造特色蔬菜　携手共同致富
- 菜篮子安全"守护者"

90后新农人

——宜兴市华汇现代农业发展有限公司总经理黄家岐

黄家岐，1994年11月出生，江苏省宜兴市人，宜兴市华汇现代农业发展有限公司总经理，2018年被评为宜兴市农林系统农产品质量监管先进个人，2019年荣获无锡市最美新型青年农民"创业之星"称号。

黄家岐

都说70后不愿种田，80后不会种田，90后不谈种田。2017年毕业于苏州大学的黄家岐，深受长期从事农业种植和农产品销售的父母的影响，对农业生产充满好奇。新奇蔬果他总是第一个品尝，生活娱乐常在自家的田间地头，淳朴热情的农民是他的童年玩伴，他对创新农业科技热情高涨。毕业后，父母急着帮他推荐工作，而他却产生了"好好回农村闯一闯，说不定有意想不到的收获"的想法，毅然拒绝了父母的推荐，选择了从事农业。

机缘巧合，在得知江苏大统华购物中心有限公司急需转包周铁镇500亩蔬菜基地后，黄家岐和父母商量，决定承包。交接后，凭着毛头小伙的冲劲，黄家岐踏上了农业创业之路。通过走访，他发现农村存在"老人多、闲置土地多、田里收入少"的"二多一少"现象，其主要原因还是农民对科技知识掌握较少、更新慢。而他刚从学校毕业，对蔬菜生产的了解仅限于书面知识，从来没有真正干过农活，没有技术更没有经验。于是他边学习边实践边总结，慢慢摸索蔬菜生产全过程。一是认真学习专业知识，利用晚上休息时间通过网络和书本学习专业知识；二是虚心请教专家教授，与江苏省农业科学院、南京农业大学、扬州大学和市蔬菜办专业人员保持联系，在生产关键环节遇到问题及时请教；三是全身心投入蔬菜生产，在生产中倾听老农的建议，蔬菜生产各个环节亲力亲为，及时总结。经过不断努力，黄家岐终于得到各级领导、父母和朋友的肯定，在周铁镇站住了脚。

黄家岐在田间

随着经济的不断发展和人们生活水平的不断提高，消费者对蔬菜的需求量逐年增加，对蔬菜质量的要求也越来越高。绿色蔬菜因具有绿色无害、健康营养的特点备受青睐，市场前景广大。因此，黄家岐大力发展绿色生态蔬菜栽培，既保证蔬菜的高产量，也保证蔬菜的高品质，让每位消费者都能更加放心地购买华汇种植出来的绿色蔬菜。

可是他这么一个初出茅庐的毛头小伙面对这么多土地、这么多工人，如何合理安排生产茬口、如何寻找优质的种植品种、如何提升种植技术都成为令人头疼的问题。通过自身不断地学习探索，了解农产品市场供求信息，他尝试调整种植结构，同时依托江苏省农业科学院、中国科学院南京土壤研究所、扬州大学农学院、美国康奈尔大学、宜兴市蔬菜办公室的科技支撑，引进新品种，采用新技术，合理布局种植，成为宜兴现代农业园的一大亮点。在做好科学种菜的基础上，他严格执行安全间隔期采收制度，上市蔬菜每日抽样检测，有效控制产品质量，所有蔬菜必须检测合格之后，方可进行销售。

黄家岐查看蔬菜生长情况

除了闷头学习，他还及时开阔眼界，热心参与农业展览会、博览会，去看、去听、去学，把适合自己的新品种、新技术运用到实际生产中去。在自己的不断努力和各界专家的指导下，基地绿色蔬菜生产技术规程应用也渐渐步入正轨，获得了中国绿色食品发展中心颁发的"绿色食品"证书，他也逐渐喜欢上了"种田"这份工作。

做好"种"这个环节后，他更是努力创新思路，打破传统市场售卖方式，开辟新型销售渠道。采用"农超对接""农企对接""直营店销售"等"产地直供销售"模式，减少流通环节，成为政府"菜篮子"工程的重要组成部分和实施载体。在不断壮大自身的同时，他不忘带动周边农户，收购基地辐射区内的农产品，实现统一仓储、统一配送、统一销售，大大降低了农户的流通成本。他致力于把宜兴市华汇现代农业发展有限公司打造成集生产、加工、销售和冷链物流为一体的综合性农业产业化龙头企业。近两年，公司年销售额均在1500万元以上。

黄家岐在田间

"新农人"是一种信念的坚守，一种传承的接力。作为农民的儿子，黄家岐怀揣着"给人们种出放心安全的蔬菜水果"的农业梦，放下城市的繁华，返乡演绎父辈，传承农业精神。坚持终有收获。在过去的几年，他收获满满。看到通过辛勤付出种植出的新鲜蔬菜被送进市场、送到超市、送到消费者手中，他的心中无比幸福。这是一条艰辛而持久的道路，他将不改初心、勇往直前，为农业可持续发展增砖添瓦。

打造特色蔬菜　携手共同致富

——宜兴市丰汇水芹专业合作社

宜兴市丰汇水芹专业合作社成立于2008年，位于宜兴市万石镇后洪村，现有社员352人，2021年水芹种植面积2000多亩，产量15000吨，产值6800万元，占全村农业总产值的72%。多年来，合作社注重科技进步和模式创新，大力开展"四新"技术的引进、示范和推广，打通"合作社+公司+基地+农户"的利益链接模式，带动村民共同富裕。所产"陶都"牌水芹质量优、口感好，深受消费者青睐。合作社荣获国家农民合作社示范社称号，所种植的"陶都"牌水芹被评为中国名优品牌、全国百家合作社百个农产品品牌、江苏省名牌产品、江苏省著名商标、首届江苏消息者最喜爱的绿色食品等。

获得荣誉

宜兴市万石镇水芹种植历史悠久，但种植面积小而散，不成规模。为进一步做大做强这一农业特色产业，2008年初，万石镇后洪村村委会通过广泛调研，决定成立合作社，带领当地农户大力发展水芹种植产业，走上了一条发展规模特色农业的致富路。

大棚水芹生产

为了打消村民顾虑，后洪村村干部带头承包村里的60亩荒地，开始水芹种植。由于没有大规模种植的经验，种植的水芹品相不好，在市场上卖不出价钱。第二年，合作社聘请水芹种植专家作为技术指导，大家一起泡在田头潜心研究水芹种植技术。经过努力，水芹获得了大面积丰收，取得了可观的经济效益。老百姓看到村干部带头种植而且效益很好，种植热情一下子高涨起来，当年基地种植规模就扩大到100亩。

为了更好地推动特色农业产业化，致富一方百姓，2008年，合作社申请注册了"陶都"牌商标，并制定无公害、绿色水芹种植标准。同时，合作社通过与扬州大学合作，成功选育出伏芹1号、秋芹1号新品种，实现水芹四季种植，并申报了专利。后洪村水芹基地被列为江苏省及无锡市标准化生产种植示范区，水芹生产种植基地规模达2000亩，辐射带动周边地区2000亩以上，带动周边农户500多户。核心基地按每年每亩平均生产水芹3茬，每茬平均亩产3750公斤，

水芹产品

37

单价平均4元／公斤，亩产值每年可达4.5万元，除去亩均生产成本约3万元，每年每亩效益可达1.5万元。

为了延长水芹产业链，解决农户水芹销售问题，水芹基地建立了宜兴市陶都水芹有限公司。2011年，合作社协同基地、公司，与江南大学食品系专家合作，成功开发了水芹酱菜，探索出新的产销对接模式和精深加工方式。公司在水芹销售低谷时大量收购农户滞销的水芹，腌制成酱水芹罐头供应消费者。同年，万石丰汇农业产业园成立，这让合作社发展如虎添翼。园区内交通、水利等各项设施齐备，为规模化种植水芹和扩大销售提供了更为便利的条件。

箱装水芹产品

目前，后洪村的水芹生产形成了"基地＋合作社＋公司＋农户"的运行模式，由合作社负责水芹种植技术指导，基地带领农户种植水芹，公司收购加工水芹，采用统一标准、统一种苗、统一管理、统一销售、统一商标"五统一"组织生产，开辟了农民增收致富的新途径。合作社带动周边500多户农户参与水芹种植，形成了中心方2000亩、辐射2000亩的水芹基地，带动一方百姓共同致富，实现了农业增效、农民增收的良好局面。

菜篮子安全"守护者"

——无锡惠山区万寿河蔬菜专业合作社理事长郜士团

郜士团，江苏涟水人，来无锡从事蔬菜种植20余年，凭着不怕吃苦、勤于钻研、大胆创新的干劲，渐渐从同行中脱颖而出。2008年，他带领23人组建了无锡市惠山区万寿河蔬菜专业合作社。

郜士团

合作社成立后，在生产规模不断扩大的情况下，产品销售逐渐成为制约合作社发展壮大的重要因素。郜士团认为，坚持产品过硬才是合作社拓宽销路的主要出路。他主动对接蔬菜

大棚蔬菜种植

技术推广部门，合作社成为新
技术、新品质、新农艺的试验
示范基地。从深液流无土栽
培、亲水岩棉培、有机生态型
无土栽培等新技术的引进，特
色小番茄、小南瓜、水果黄瓜
等新品种的种植，到臭氧发生
器、自动除湿机、补光灯、真
空预冷等新设施的应用，合
作社经常是"第一个吃螃蟹
的人"。

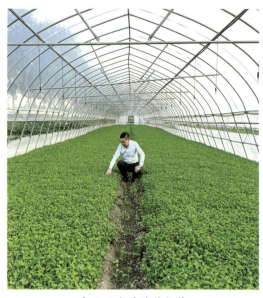

郜士团查看蔬菜长势

2014年，郜士团率先在合作社尝试蔬菜绿色防控体系建设，为蔬菜
质量提供了有力保障。随后蔬菜订单接踵而至，苏宁广场及海岸城礼阁
仕超市的店长亲自上门考察并签订供货合同，普通蔬菜一下子变身成为
高档精品菜。合作社2017年被列为江苏省现代农业产业技术体系惠山区
基地核心示范基地，2018年承办了全国蔬菜全程绿色高效生产技术南方
片区现场观摩会，进一
步扩大了品牌影响力，
销售规模和销售半径逐
年扩大。

蔬菜分选包装

目前，万寿河蔬菜
专业合作社有职工35人，
设施基地400余亩，其中
连栋温室12亩，形成了
集种植、加工、销售为

一体的"合作社＋基地＋农户"的产业化经营格局,年销售总额达3000万元。合作社主要经营方式包括精品蔬菜的加工销售、集货单位的配供、核心客户定向配送及线上销售等。合作社先后获得省AAAAA级优秀文明合作社、省AAAAA级诚信经营单位、江苏高效农业创业示范基地等荣誉,"万寿河"品牌获评江苏省名牌农产品、中国名优品牌、无锡市十大农产品品牌。

郜士团扎根无锡二十载,一心一意从事蔬菜生产经营,他和像他一样的新农人,默默守护着市民的"菜篮子"安全,为无锡经济社会高质量发展做出了积极贡献。

第四章
徐州案例

- 人民的"护胃队"
- 返乡创业的新时代大学生
- 走新型合作化致富之路
- 大爱无疆的新农人

人民的"护胃队"

——果果部落创始人丁松

丁松查看蔬菜长势

创业是人生最精彩的华章，乡情是寻找故土的桥梁。当创业的方向沿着乡情的方向行走，一路播撒的将是宜人的芬芳。40岁的丁松是徐州弈爵企业管理服务有限公司经理、江苏世纪恒达土地房地产评估咨询有限公司股东、青海立辉建筑材料有限公司股东、徐州市泉山区青商会会员。他便是播种芳香的一颗种子。

丁松大学毕业后有着令很多同龄人羡慕的稳定工作。6年的邮政系统工作经历，两次荣获区局"业务能手"称号，两次荣获"红旗标兵"荣誉。2008年，敢闯敢拼的他选择下海，成立了徐州弈爵企业管理服务有限公司。经历了2008年的全球性金融危机，也经历了2015年P2P类公司的大洗牌。十几年的创业生涯让丁松掌握了先进的管理理念，拥有一套完整的产品销售体系，具备既能迎合市场又能开拓市场的能力，他深知许多行业的利润空间、销售模式和生存现状。

丁松是徐州市铜山区棠张镇新庄村人，父母种了三十多年的大棚蔬菜，他是被大棚蔬菜喂养大的。从小看着父辈面朝黄土背朝天，日复一

丁松在进行黄瓜种植管理

日，每天拖着疲倦的身子在地里辛勤劳作，重复着同样的事务，他感到很心疼，深知菜农的辛苦和无奈，也感受到了个体种植的弊端。

"是老家的水土养育了我，我必须为家乡做些实实在在的事，回报养育之恩。"创业的同时，丁松时刻想着有机会回到家乡，反哺父老乡亲。2018年开始，他围绕农业发展方向，做了一年的市场调查，看好休闲观光农业的发展前景。2019年9月，怀着一颗赤子之心，带着对家乡的眷恋和回报家乡的满腔热血，他怀揣人生的第一桶金毅然决然回到了新庄。

丁松成立了徐州汉沣生态农业科技有限公司，流转了150余亩土地，开始打造他的农业庄园——果果部落，也开始了他的农民生活。为了能尽早投入生产，炎炎夏日，他吃住在工地，白天与工人一起干活，晚上住在工地的简易板房内。通过几个月的努力，一个现代化的农业园区建成了。

想要生产出绿色优质的农产品，必须对原有的盐碱地进行改良。在技术人员的指导下，他购买大量优质红土将所有温室土壤进行了改良；为了增强土壤肥力，他千里迢迢从内蒙古苏尼特右旗天然牧场购买羊粪做基肥；为促进草莓、番茄授粉，他在温室内放起蜜蜂；为了防治害虫，他给温室盖上防虫网并在棚内挂起了粘虫板；园区杜绝除草剂、激素类药物，所有灌溉用水均为三十米深地下水……总之，为了让市民都能吃到放心菜，他叮嘱工人严格遵循《绿色农产品生产操作规程》进行生产。短短几个月，励志的丁松硬是闯出一条绿色生态农业之路。

丁松（左一）在蔬菜大棚劳动

天有不测风云。通过几个月的精心呵护，优质果蔬开始上市了，却遇上了疫情。一边是满园果蔬生机盎然，却因为疫情无法销售；一边是广大市民因疫情无法出门购买蔬菜。为了破解这个购销两难的局面，丁松紧急组建队伍，毅然决然地送起了"暖心菜"。他通过微信群、朋友圈进行网上接单，送货上门，不仅使自家果蔬顺利上市，还帮助周边菜农进行产品销售。短短一个多月时间服务了七千余户家庭几万人，积累了良好的口碑。

"果果部落里还有许多工作要做，凡是老百姓愿意到这里工作我都欢迎。能帮村民解决点生活难题，特别是像我父辈一样年纪的人，我心里感到快乐。"丁松说。能带动周边农民共同致富，能更好地回报人民、回报社会、回报政府、回报家庭一直是他返乡经营农业的初心。在果果部落建设初期，园区只要用工，丁松首先想到的就是像父辈一样年纪的人。截至目前，十余名60岁以上老人在果果部落工作，他们和年轻人一样拿上了工资。

仅仅7个月的时间，园区已建成温室大棚3万余平方米，基础设施配套齐全。大棚里草莓、黄瓜、番茄等硕果累累，洋溢着盎然的生机。2019年12月，上海蔬菜外延基地在园区挂牌，丁松拿到了蔬菜进驻上海的通行证。他认为，这只是刚刚开始，今后还有很长一段路要走，在助推家乡发展的路上要"撸起袖子加油干"。下一步他要围绕加速园区建设，让果果部落惠及更多菜农；围绕新的理念管理农业，带动农文旅融合发展。

和丁松聊起园区建设，这个年轻的80后帅小伙侃侃而谈，俨然成了农业方面的"行家"。当我们冲他竖起大拇指时，他说："创业是我实现人生价值的最好方式。感谢政府给了我很多政策方面的支持和鼓励，让我更加觉得这里就是我的根。我从这里出发，又回到这里来，我感到骄傲和自豪！"

返乡创业的新时代大学生

——徐州琅溪农业科技有限公司总经理刘欢欢

刘欢欢，男，出生于1990年，徐州市铜山区棠张镇新庄村村民，2015年毕业于江苏大学。大学毕业后，他就职于上海的一家互联网公司。2017年，工作顺风顺水的刘欢欢选择返

刘欢欢在查看羊肚菌生长情况

乡从事农业。他身残志坚，艰苦创业，率先在当地引进、培育羊肚菌，现为徐州琅溪农业科技有限公司法人、总经理，受聘为江苏大学管理学院校友会理事、江苏大学创新创业朋辈导师。

刘欢欢的家乡棠张镇是有名的蔬果之乡、桑蚕之乡，拥有良好的农业基础，但并没有种植食用菌的传统，对于羊肚菌，很多农户闻所未闻。羊肚菌作为一种珍贵的食药两用菌，本身更适宜四川、云南等地区温润潮湿的生长环境，且培植难度极大，一度被认为不可繁育，很多食用菌研究者和从业者都是"谈羊肚菌色变"。当时基本没有关于羊肚菌的专业书籍和文献资料，但刘欢欢并没有因此畏难不前，他认为必须自主育种并掌握一套适宜本地土壤和气候环境的种植管理方法。2017年底，刘欢欢在自家大棚腾出1亩地用作羊肚菌试验田，当年收获鲜菌300多斤。2018年，他把

刘欢欢（右一）在羊肚菌大棚劳动

羊肚菌种植面积扩大到12亩，这其中有自建的5亩大棚，还有亲戚、邻居纷纷加入。

刘欢欢除了大量阅读食用菌相关的专业书籍外，还经常向全国各地的专家、种植户请教学习。他与科研专家合作共同培育菌种，解决了土壤碱性大、蚯蚓钻断菌丝根系等问题，逐渐摸索出羊肚菌和当地蔬菜产业融合发展的模式——"羊肚菌–菜–菜"轮作的成熟种植模式，羊肚菌与芹菜、青菜等时令蔬菜轮作。2020年，他建起占地20亩的食用菌菌种研发、试验和示范基地，注册成立徐州琅溪农业科技有限公司，担任总经理、执行董事，进行食用菌研发、生产、销售。随后注册"菌尚棠溪"品牌商标，把产品搬到电商平台的徐州扶贫馆销售，同时作为试点，定期为南京一家五星级酒店和本地5家餐饮机构供货。目前，其产品在线上、线下同时销售。

经过三年的艰辛努力，他终于探索出一套适合徐州等淮海地区的羊肚菌高产种植方法，现在亩产鲜菌达到500～600斤，每亩收益2万～3万元。为带动家乡农民致富，刘欢欢前期免费为当

羊肚菌收获

地农户提供菌种和技术服务，后期统一回收销售。农户遇到的任何种植管理问题，他都会悉心解答、精心指导，让农户没有生产和销售之忧。目前，通过提供菌种、菌料袋、技术指导

刘欢欢（中）为农户提供技术服务

培训、现场教学观摩、产品回收统一销售等，已带动当地及周边农户60多户，种植羊肚菌面积达150余亩，创造产值约450万元。

他还创新性地将当地闲置的桑蚕养殖棚利用起来种植羊肚菌，形成了"菌-蚕-蚕"种养模式，即每年冬季种植一茬羊肚菌，春、秋两季各养一茬蚕，充分利用现有棚室土地及农闲劳动力，经济效益、社会效益成效显著，为当地蔬菜、食用菌及桑蚕产业的健康发展和农民增收开辟了新的路径。在羊肚菌的生产期，他每天都要到农户的生产大棚去转一转、瞧一瞧，及时帮农户解决出现的问题，解答农户存在的疑问，传授种植管理要点。

他的创业事迹得到中央电视台《遍地英雄》栏目24分钟的专题报道，也得到《新华日报》《农民日报》《徐州日报》《都市晨报》、学习强国、中国教育频道、江苏电视台、江苏网等媒体和平台报道。他获得第六届"互联网+"大学生创新创业大赛江苏省金奖、江苏省优秀大学生创业项目、"创享彭城"大赛人才下乡组二等奖、铜山区十佳农村电商等，被评为江苏好青年、徐州好人、徐州市十佳创业标兵、徐州市十佳职业农民、徐州市十佳残疾人创业之星、第四届铜山模范、铜山区十佳返乡创业能人、棠张好人等。他的园区也被确立为徐州市农业科学院羊肚菌种植示范基地、

铜山区"三乡工程"示范基地以及江苏大学、江苏师范大学等高校的校外实践教学基地。

谈到今后发展计划，刘欢欢说自己要立足家乡优良的农业基础和政策环境，继续把基础打牢，把基本功练扎实，戒骄戒躁。在现有基础上，实现品类多样化经营，将食用菌科研、产品深加工和农产品电子商务作为驱动发展的动力，继续深化品牌化运营，拓宽销售渠道，建立健全产品产业链条，为乡亲们开辟一条可持续的致富之路。

走新型合作化致富之路

——丰县瑞农果蔬种植家庭农场负责人李校忠

李校忠,男,1984年出生,
丰县瑞农果蔬种植家庭农场法
人,曾入选2018江苏好青年
百人榜,获得首届丰县优秀农
业企业家、2020年全国青年致
富带头人等称号。他经营的丰
县瑞农果蔬种植家庭农场被评
为省级示范家庭农场、农产品

李校忠在农场

质量安全A级信用单位、上海市外延蔬菜生产基地、江苏省优势特色种苗
企业(中心)、江苏省味美菜园、丰县农产品质量安全诚信企业等,并获
得国家绿色认证基地,同时拥有多项企业证书及专利。

李校忠的创业之路并非一帆风顺,经历过磕磕绊绊,在几次转行之后
才踏上农业创业之路。

2005年,李校忠毕业于无锡商业职业技术学院,毕业后他并没有找到
合适的工作,只是打一些零零散散的小工,勉强管饱肚子。那段日子是他
人生最艰难的开端。

2007年,在亲人的鼓励下,李校忠开始自主创业,发挥大学所学专
业特长,开启了铝合金门窗的制作与销售。一开始,他对建厂、材料、生
产、经营、销售等环节什么都不懂,就四处学习取经,遭到过冷遇,也出

韭葱收获

现了技术、资金等困难。他硬是咬牙迈过一道道难关。经过几年的打拼，他小有成就，不仅赚到人生第一桶金，还积累了不少创业经验。他以诚信待人的方式结交了大量朋友。朋友越多，眼界就越开阔，事业发展的空间也得到进一步拓展。

2012年，丰厚的人脉资源为他带来了又一次转行跨越——从事钢结构的制作与安装，这也为他进入农业奠定了基础。在2014年的一次钢结构工程施工中，他结识了山东瑞方食品工业有限公司总经理武玉胜。武玉胜提出两家公司合作发展蔬菜产业，在丰县建立蔬菜基地，由李校忠的公司负责蔬菜种植，由武玉胜的公司回收深加工出口。李校忠听后觉得这是个很好的机会，经过实地考察，在王岗集村流转了516亩土地用于蔬菜种植。

刚开始由于不懂技术，加上天气原因，蔬菜收成不好，亏损了50多万元。但是李校忠没有放弃，逆势而上，2015年继续投资加强基地基础设施建设，同时成立丰县瑞农果蔬种植家庭农场。2016年基地与

鲜蔬配送

江南大学合作，签订蔬菜新品种的试种与推广协议。基地发展逐步走上了正轨。

基地主要采取"龙头公司＋基地＋科技＋订单＋农户"的运作模式，到目前规模发展到1000多亩，年产值达到1200万元，实现净利润200万元。基地按照10亩或5亩为一个单元分包给当地农户种植，采取"四统一"管理模式，即统一提供种苗、统一田间管理技术、统一农残控制、统一保护价格收购。本着"带着农民干，帮着农民销，实现农民富"的基地服务宗旨，2020年基地将产业链扩大，开展蔬菜配送业务，凭借优越的产品资源发展"企鹅"鲜蔬配送业务，每年为酒店、学校、企事业单位提供2700吨质优价廉的绿色蔬菜。

李校忠的家庭农场因为建设标准高、运行好，成为徐州市农业科技综合示范基地、江苏省现代农业（蔬菜）产业技术体系丰县推广示范基地。示范基地600余亩，带动新型农业经营主体辐射面积2000亩，向社会提供就业岗位100多个，带动120户农户（其中建档立卡户22户）创业致富，纯收入增加1100元／亩以上，形成了稳定的联农利农新机制。

基地与农户签订收购协议

大爱无疆的新农人

——徐州市贾汪区恒之盛农业发展有限公司张震

张震，1981年出生，是徐州市贾汪区汴塘镇一名地地道道的农民。2000年高中毕业后，他跟随同乡赴上海打工，干装修工作。2004年，干什么都不服输的他，感觉仅仅依靠出苦力，难以有大作为，于是毅然返乡创业，从事生猪养殖，兼做农村经纪人，销售苗猪。

张震

在农村摸爬滚打创业12年后，张震始终放不下心中深深的土地情节。有一次，他和妻子在北京旅行，看到店里销售的有机蔬菜和家乡的蔬菜一样，但是价格却高出许多。回来以后，他便想道：在家乡种植有机蔬菜运到大城市去卖，岂不是一个既能致富又能丰富城市"菜篮子"的双赢商机。

说干就干，他和妻子一齐奔赴山东寿光参观学习，于2016年成立徐州市恒之盛农业发展有限公司，高薪聘请寿光的技术人员，在贾汪区率先尝试建设寿光新一代智能温室。大棚三面采取土墙保温，顶部采取镀锌钢骨架支撑，用保温被防寒，采取地埋节水微喷体系、自动透气体系、自动卷帘体系、自动控温体系及物联网体系等电脑全自动技术。

公司成立初期，基地主要种植新品种765长茄、羊角蜜甜瓜，每年8月中旬开始定植，10月中旬上市。基地每日可以采摘果蔬10吨左右，销售期

张震在进行长茄种植管理

能够持续到第二年7月，每年生产蔬菜2万余吨。2019年起，公司开始尝试种植西红柿和甜瓜等，并发展休闲采摘业务，效益实现了翻倍。

周边的村民看着他们的蔬菜基地效益不错，也纷纷效仿建起了大棚。张震看在眼里，美在心里，干脆当起了义务技术员，一边在自己的菜园里试验示范各类新品种和新模式，一边免费为周边菜农提供技术培训服务。经过短短几年时间，带动周边村民发展蔬菜种植5000余亩，引进晟禾种植园、大牛蔬菜种植基地等10余家规模种植基地，在汴塘镇西侧形成长达18公里的252省道沿线现代农业产业带。

目前，公司主要种植茄子、黄瓜、西红柿、百味小番茄、甜瓜等有机蔬菜，平均每年亩产蔬菜3万～5万余斤，上市时间为每年9月至次年6月，年销售净菜5800余吨，主要销往江苏及浙江、上海、安徽等地。

2019年初，恒之盛公司又牵头成立了蔬菜产业化联合体，为周边农户和家庭农场提供统一技术指导、统一植保服务、统一销售渠道、统一团购肥料等服务，解决他们的后顾之忧。2019年4月，恒之盛公司对面的成才食用菌种植园产品出现滞销，负责人吴世才愁容满面，正计划着低价处理掉。张震主动上门，帮着联系销路，很快找到合适的收购企业，不仅全部采购，而且每斤售价还比平时高了2元。

张震非常注重农业科技的应用，与徐州生物工程学院在病虫害绿色防控、省力化栽培技术等方面加强合作，完成茄子灰霉病和甜瓜白粉病的绿色防治技术成果转化，茄子、西红柿和甜瓜3个产品通过了绿色食品认证，

恒之盛农业发展有限公司

并申请专利技术10项。公司被认定为上海蔬菜外延生产基地、徐州市产业化龙头企业、全省农作物病虫害专业化统防统治"五有五好"服务组织、江苏省园艺农作物标准园区、江苏味美菜园、徐州市科技示范基地、江苏省田间培训基地、徐州市绿色防控示范基地。张震被评为"全省优秀农民工"。

2019年11月，贾汪区新型职业农民协会成立，张震兼任副会长。疫情发生后，恒之盛公司于2020年2月2日联络7家农业种植园和家庭农场，共同发起"支援一线、助力战'疫'"行动，带头为贾汪区人民医院和区疾控中心捐赠总价值10余万元的绿色蔬菜、甘薯、鸡蛋等。自2020年2月3日起，在贾汪区农业农村局、商务局和相关镇（街道）的指导协助下，恒之盛公司牵头收购周边种植基地和小农户蔬果产品并搭配分装成箱，在贾汪城区各住宅小区门口和汴塘镇等村级防控卡口设置了28个平价放心蔬菜投放点，日均投放5000余斤。公司在帮助蔬菜种植户解决蔬菜销售难题的同时，有力保证了城区和镇村居民的蔬菜需求，得到基层防控人员和农户、市民的一致好评。自2020年2月5日起，恒之盛公司和徐州市传媒集团徐视惠电商平台共同发起"战疫情，暖心菜"公益蔬菜直达活动，对徐州主城区市民家庭供应平价蔬菜。第一周内完成近4200个网上订单、6.4万斤蔬菜供应；其后每天稳定投放500～1000单，每箱固定5斤或10斤、8～10种蔬菜，一直供应到当年3月底，因当地疫情应急响应终止。另外，徐州主城区部分居家市民足不出户，就可在App或小程序上选购当天采摘的平价放心蔬菜，市民对此深感满意，赞不绝口。2021年1月28日，张震被农业农村部授予全国"抗击新冠肺炎疫情突出贡献农民"称号。

获得荣誉

为了使公司能够持续、健康、稳定地发展，张震将所获利润的较大部分投入产品研发之中，在自主研发与合作开发的理念指导下，与湖南农业大学、北京蔬菜研究所、徐州生物工程学院、徐州蔬菜研究所等高校科研机构及企业开展密切交流及技术往来，多种蔬菜已得到绿色认证，申请专利3项，并建立了科研试验基地160多亩，每年培训高素质农民1500人。

第五章
常州案例

- 海归IT变身"一号农夫"
- 致力助农增收的60后海归
- 让荒地变成绿色小清新农场的"女魔法师"

海归IT变身"一号农夫"
——江苏一号农场科技股份有限公司负责人姜方俊

姜方俊，江苏一号农场科技股份有限公司CEO、法定代表人，1981年出生。他2003年毕业于南京大学信息管理专业，获学士学位；2009年毕业于德国维尔茨堡大学计算机专业，获硕士学位；2007—2008年任德国维尔茨堡大学计算机研究所助教；2009—2010年任德国Argus计算机系统有限公司系统工程师；2010—2011年任Continental德国大陆集团（上海）分公司高级工程师；2011年至今，带队创办江苏一号农场科技股份有限公司。他曾获得全国农村青年致富带头人、江苏省高层次创新创业人才、江苏省"青年双创"英才、常州市龙城英才计划领军人才、常州市优秀科技工作者、金沙英才奖、金坛区杰出青年英才、金坛区科学技术进步奖等荣誉称号，并先后当选为金坛区第九届政协委员、常州市第十六届人民代表大会代表。

姜方俊（右二）在蔬菜大棚劳动

姜方俊毕业回国工作两年后，他怀揣梦想放弃高薪工作，于2011年来到常州市金坛区薛埠镇茅山风景区，创办江苏一号农场科技股份有限公司，建设数字化有机农场——一号农场，占地面积1500亩，总投资2.3亿元。2012年底，一号农场生产基地通过南京国环有机产品认证中心认证。2013年企业加入国际有机农业运动联盟，业务范围覆盖常州、南京等多个地区。2015年，姜方俊主持完成公司A轮融资。2016年，一号农场开园，园区内一号农场明都庄园酒店开业，公司一二三产业布局初步完成；2017年3月完成新三板挂牌，同年6月荣获首届江苏省农村创业创新项目创意大赛一等奖，同时被评为全国农村创业创新园区，在行业内的知名度和品牌实力显著提升。

2013年，姜方俊作为发起单位发起人组织金坛区地理标志性农副产品生产企业、农民专业合作社、种植大户成立金坛区生态有机农产品联盟，承担省级农业科技计划项目"现代智能化生态种养殖循环模式集成创新与示范"，并入选江苏省科学技术厅选派的第二批法人科技特派员，获得2012—2013年度金坛区金沙英才奖突出贡献奖。

2014年，姜方俊发起成立常州市现代农业科学院有机农业与有机食品研究所，并带队与德国波恩有机农业研究所正式签约，成为中国首家与德国有机农业研究所合作的单位，同年申报并授权温度控制器、温室卷帘电、温室喷淋阀门等7项外观设计专利。

姜方俊立足农业、植根农村，带头参与农村改革、带头投身创业实践、带头致力科技兴农、带头履行社会责任，为推动农业现代化和农村经济社会发展做出了积极贡献。2015年，他荣获共青团中央和农业部颁发的第九届"全国农村青年致富带头人"称号。

姜方俊在创办现代化有机农场带头致富的同时，时刻将农民利益放在首位。在其引领下，农村面貌焕然一新，农民稳步走上致富之路，基地带

姜方俊（左一）与德国波恩有机农业研究所签约

动区域内农户年增收500多万元，人均年增收2万多元。

2015年，姜方俊作为负责人承担了江苏省农业科技自主创新资金项目"基于物联网的产销一体化有机农产品电商宅配模式创新与示范"，承担江苏省农业科学院食品质量安全与检测研究所"高档叶菜产品产业链技术创新与集成应用"项目应用示范试点工作。同年，就通风降温型蔬菜大棚进行专项研发，申请实用新型专利1项、发明专利1项，其中，1项实用新型专利通过授权。此外，姜方俊带领团队研发基于物联网技术的智慧农场系统以及基于农业企业的ERP软件系统，截至目前已有海之客有机农场生产管理系统V1.0、办公管理系统、微信管理系统、项目管理软件和信息发布系统等9项成果获得计算机软件著作权登记证书。

品牌化战略有助于企业实现快速发展。目前公司已拥有自己的品牌名称、注册商标等，并在区域内和业界拥有了较高的知名度和良好的口碑。下一步将通过开拓新城市市场和开辟出口业务扩大品牌影响范围和影响力，多渠道加大宣传推广力度，争取用2～3年时间将"一号农场"品牌打造为长三角最具影响力的品牌，用3～5年时间将品牌影响力扩展到全国乃至国外市场。

标准化是现代企业生存发展的重要保障。作为一家年轻的科技型农业公司，标准化建设将作为公司长期的主攻方向。公司不仅要对现有各项成熟的标准体系加以实践和应用，还要在此基础上制定一系列适合自身发展的技术标准、管理标准和服务标准等，力争3年左右建立起一套完整企业标准。

创新是企业发展的不竭动力，只有通过不断创新才能在新形势下保持发展势头。公司作为"互联网＋"企业在新形势下要以技术创新、模式创新等创新发展树立农业企业新形象，将企业打造成创新

姜方俊（左一）与来访人员在大棚

驱动、可持续发展的三产融合综合型企业。

跨界务农，姜方俊并不是冲动，而是进行了超过20万公里的调研。"农业粗放式发展，农产品附加值太低……问题太多，路太难走。"但姜方俊告诉自己，利用现有技术是可以破解这些瓶颈的，自己所学的计算机技术，恰恰是这家农场的核心优势。"我们做一个金字塔，底层是做有机农业，塔中央是休闲农业，顶端是互联网农业，所以说我把我们企业定位在互联网农业企业。"作为一号农场的董事长兼CEO，姜方俊发挥"IT男"优势，开发自己的智慧农场系统。"通过两年的数据收集，我们知道客户喜欢什么样的农产品，知道每个产品的成本组成、整个的生产流程。通过数据分析，我们能够知道种植产区的土壤情况如何、水源如何、空气如何，以及目前地里有多少可以采摘的蔬菜。"

致力助农增收的60后海归

——江苏优鲜到家农业科技有限公司创始人许爱国

许爱国，1966年生，溧阳市归国留学人员联谊会副会长，江苏优鲜到家农业科技有限公司创始人。从小在农村长大的许爱国，把改变农村的贫穷落后当作毕生追求。

1988年，许爱国赴日本岩手县研修学习。学业有成回国后，他主动要求回到溧阳市农业一线工作。进入21世纪，我国城乡居民生活水平显著提高，人民对优质安全农产品的追求越来越高，从"吃得饱"向"吃得好"转变。许爱国敏

许爱国

锐地发现了优质农产品发展的潜力，决定进行第二次创业。2005年，他投资1000万元成立优鲜到家农业科技公司，流转土地320亩，从事优质蔬菜生产。他的优质农产品很快在市场上赢得声誉，许多学校、机关、工厂主动找上门，要求定时配送。

优鲜到家公司积极寻求与当地蔬菜优质生产基地合作，开展订单生产，从源头把控农产品质量安全。公司为合作基地和农户提供种子、种苗、农药、农资，并给予全程跟踪指导，从全过程严格把控产品质量。公司在原

有核心基地的基础上，先后与32家优质农业企业、农民专业合作社、家庭农场、种植大户签订了订单生产协议，带动他们共同发展。同时，公司还积极与科研院校开展产学研活动，建设了蔬菜育苗中心，成为溧阳市唯一能够开展蔬菜种苗育繁推一体化的农业企业。公司的育苗区包含自动化育苗棚、练苗区、物联网设备及其他配套设施。育苗中心的建成，对公司优化地产蔬菜结构、提升地产蔬菜品质发挥了积极的推动作用。公司还与科研院校合作成立了苏南蔬菜新品种繁育、水生蔬菜良种培育等研发基地，极大地提升了优良蔬菜品种供应能力。

优鲜到家公司的蔬菜基地

在公司发展蒸蒸日上的同时，许爱国积极响应习近平总书记提出的"小康路上一个不落下"的号召，积极带领村民在小康路上奔跑。2016年他积极投身苏皖合作和溧阳市经济薄弱村助农增收奔小康的事业中。他先后帮助8个经济薄弱村增收致富，共增加集体经济收入168万元，2100多户农户增加工资和生产经营性收入2亿多元。

　　许爱国介绍，溧阳市的经济薄弱村公共资源少、人才匮乏、缺少增收措施，而他们企业有项目、有技术、有市场，正好与之互补。他们与经济薄弱村开展合作共建，由村里提供土地，公司提供项目和技术，并负责销售，进而实现村集体与企业共赢。根据溧阳市提出的"领导挂钩、企业联村、干部帮扶"的方式，优鲜到家公司立足自身在市场、农副产品配送等方面的优势，与社渚镇王家村、溧城镇新联村、竹箦镇中梅村、别桥镇合星村合作共建农产品生产基地，并与南渡镇石街头村、别桥镇合星村等合作实施经纪人项目，帮助他们提升村集体经济"造血"功能。通过发展产业增加村集体经济收入的同时，带动周边村民致富。在优鲜到家公司与王家村合作共建的帮扶项目——食用菌生产基地里，公司技术人员介绍道，竹荪和赤松茸10月上市，预计年收益40多万元，村集体年收入预计增加20万元以上。结合新联村素有种植食用菌的习惯，公司在新联村投资160万元，打造香菇种植基地。新联村党支部书记陈伟春说："这次与优鲜到家公司合作，村委会主要负责土地流转、生产设施建设、食用菌生产，优鲜到家公司则联合国家食用菌研究中心提供品种和技术支持。预计该项目年收益50万元，村集体每年增加收入达30万元以上，带动村民5000人次，村民增加收入40万元以上。"

　　相知无远近，溧汉一家亲。为了积极响应省里提出对口帮扶的号召，2020年4月，优鲜到家公司成立了江苏优鲜到家汉阴公司，重点负责陕西省汉阴县农产品的收购、加工和销售，依托优鲜到家公司的平台，系统化、常态化推动汉阴县农产品的销售，开拓长三角大市场。2022年9月，优鲜到家汉阴公司牵头成立了汉阴县优鲜到家产业发展联盟，把汉阴县优秀经营主体联合起来抱团发展，实行"公司+基地+合作社+农户"的经营模式，销售汉阴菜籽油、山茶油、土蜂蜜等50余种农产品。截至目前，江苏优鲜到家汉阴公司已完成苏陕协作消费帮扶500余万元，为汉阴特色农产品开拓了广阔的销售市场。

获得荣誉

让荒地变成绿色小清新农场的"女魔法师"

——常州笙绿农业科技有限公司总经理应英

应英，研究生，新时代农民，常州笙绿农业科技有限公司（笙绿农场）总经理，江苏省农村青年致富带头人，江苏省乡土人才"三带新秀"，也是让一片荒地变成绿色小清新农场、点石成金的"魔法师"。

应英在田间

说起农场的名字"笙绿"，应英说："笙，是一种乐器，带有平安快乐的意思；绿，代表有机农业。希望创业平平安安，简单快乐。"

应英的创业是从对一块荒地一见钟情开始的。2008年，应英从江苏科技大学经济系毕业，进入金融系统工作。然而，工作了一段时间后，她觉得这份工作并没有让她获得成就感和归属感。"我从大学时就想创业了，肯定不能一份工作做到头。我喜欢小城市，喜欢跟父母在一起，喜欢农村。"应英说。一次偶然的机会，她到常州市石庄里村的外婆家玩，路过村边一大片荒废的土地，听说这块地属于一家歇业的农业企业。应英对这片荒地一见钟情，"感觉这么大一片地能种好多东西，我就有了冲动，想让这里恢复生机。"在强烈冲动的驱使下，22岁的应英正式承包了这块地，从一个金融女白领摇身一变成了女农民。2008年6月，常州笙绿农业科技有限公司正式成立。

从小到大没有种过地，大学学的也不是农业专业的应英，对自己将要面对的困难一无所知。22岁的应英站在600多亩农田旁，除了激动，还是激动。激动过后，应英迅速被残酷的现实"打脸"。然而凭着一股子冲劲，她拜师傅学技术，从周一到周五都住在农场，一刻不停地忙碌，不是跟员工、专家交流学习，就是思考生产计划和流程，不管是种地还是经营，全部都亲力亲为。凭着这份执着，她突飞猛进，先后荣获江苏省农村青年致富带头人、江苏省妇女双学双比女能手、江苏省科普惠农兴村带头人、全省三扶两助工作创业之星等称号。

待之以诚，得之以桃。应英把600多亩的农场，按叶菜、果蔬、果树、休闲分成4块区域，其中叶菜和果蔬种植区都建起了大棚。所有大棚都带有自动喷滴灌系统，给蔬菜浇水很方便。另外，若要给蔬菜、瓜果施肥，就使用植保机。车缓缓开过，车上的植保机就能大片大片地完成植保作业。

笙绿农场蔬菜基地

在笙绿农场，智能温室、自动喷淋、电脑监控等高科技信息化设备一应俱全。但应英重视的并不是这些外在的设备，"最根本的还是土地，好比人要养生，土地也要养生。"在这种理念支持下，应英十分注重土地的可持续发展，笙绿农场的作物都尽量不用化肥，水果类的基肥都是有机肥或生物菌肥。因为自己是个"农业新手"，她很喜欢向科研院所的农业专家请教，试用他们的新产品新技术。几年前，笙绿农场成为全市第一个"秸秆生物反应堆技术"的试点单位，这种技术通过秸秆和植物疫苗反应，增加二氧化碳含量，同时在发酵过程中产生热量，使地温升高，能够让果蔬增产，并提前上市。最近，笙绿农场又引进了中国科学院南京土壤研究所的"调生健植控病技术"，为农作物"治未病"，在生长前就把土地调整到一个良好的状态，防控未来的疾病。

农产品质量安全关乎百姓幸福。在笙绿农场，每一颗新上市的萝卜都会被贴上二维码，蔬菜也有"身份证"，全程可追溯。"你可以详细地了解所有产品在几月几号播种，几月几号用了哪些肥料，几月几号用了哪些生物农药之类的信息。"升级当妈妈之后的应英，更加关注食品质量安全。为解除消费者对食品安全的担忧，笙绿农场大力推广农产品质量安全追溯体系，搭建生产者与消费者之间的沟通桥梁。

在笙绿农场的600多亩园区内，无论是蔬菜还是水果，为了保证农产品质量安全，一方面，采用秸秆还田、水旱轮作等生态技术进行培育，全程减少施用农药，保证了果蔬优良品质；另一方面，在农产品上市销售前还要统一贴上专属二维码"身份证"，市民只要扫一扫，就能查询到该果蔬的各类信息，切实为绿色品质链"扣上"最后一环。

从笙绿农场有产出至今，农产品从未出现不合格的情况，有11个产品获得了无公害农产品认证，3个产品获得了绿色食品认证，紫薯和番茄产品在2013年获得常州市名优农产品认证。在应英狠抓品质的努力下，公司获得了常州市现代化农业示范基地、常州市先进农业企业、常州市农产品例行抽检示范基地、常州市大学生创业基地、常州市农产品质量安全管理诚信企业、常州市现代高效农业三八示范基地、新北区大学生村干部创业示范基地等多项荣誉。

积极推广湿旱轮作，荔浦芋"落户"常州。荔浦芋属天南星科，又叫魁芋、槟榔芋，原为野生芋，是经过野生芋长期的自然选择和人工选育而形成的一个优良品种，个大肉酥，一般单个重1000～1500克，大的可达2500克。由于该品种喜高温多湿的环境，要求种植地区全年要有10个月的温度在15℃以上，常州地区的自然气候显然达不到这个环境要求。应英从事农业后到扬州大学攻读研究生，师从江解增教授。江教授向她推荐了经改良后产量更高、口感更好的荔浦芋品种。2020年2月初，应英首次尝试进行小规模试种。"我们在大棚里种荔浦芋，现代化的设施农业可以满足它对温度和湿度的要求，目前试种情况不错，基本成长得茎杆挺拔、叶阔色绿。"

　　应英，这位85后的"女魔法师"，将在这片土地上继续挥动魔法棒，装点出一片"笙笙不息，绿意盎然"的农业大花园。

第六章
苏州案例

新时代新农业的追梦人

——昆山市政府"菜篮子"基地总经理陈颖

陈颖在田间

陈颖，女，1983年出生，江苏昆山人，中国民主同盟盟员，现任昆山市政府菜篮子保供玉叶基地的负责人、苏州青年联合会第十五届委员、江苏省绿色食品协会副会长、苏州市蔬菜协会副会长、昆山市农业龙头企业协会会长、全市新型职业农民代表，荣获江苏省新农菁英、苏州市农村青年致富带头人、昆山市"五一巾帼标兵"、昆山市新型职业农民演讲比赛一等奖、昆山高新区十佳魅力女性和昆山市"讲理想、比贡献"科技创新竞赛活动优秀个人等荣誉。昆山市玉叶蔬食产业基地已经是二十多年的政府"菜篮子"工程，陈颖是第五代接班人，肩负着一代又一代农人的责任，带着一群朝气蓬勃的年轻人在希望的田野上耕耘、播种、收获，为蔬菜的保供、餐桌的安全，奉献青春，抒写着美丽的诗篇。

学习法学专业的陈颖曾是海联海律师事务所一名律师助理。2008年初秋，一次偶然的机会她来到了玉叶蔬食产业基地，成为一个跨界新农人，担任基地市场部经理。当时基地蔬菜主要以供应企事业单位食堂为主，对农业知之甚少的她开始学习产品包装、营销模式和品牌推广，致力于打开"玉叶"牌蔬菜销路。2010年，因需要拓展市场业务，基地申请了绿色食品认证。她多次参加绿色食品认证培训并邀请省、市绿化委员办公室莅临基地指导，最终成功获得绿色食品认证47个，并先后接待了法国农业部部长、欧尚家族成员、麦德龙中国区总裁等，终于迎来了黎明的曙光，"玉叶"牌蔬菜成功入驻大润发、欧尚等生鲜超市。

2014年，陈颖带领基地和周边农户走品牌化发展之路，通过产品推介、产品展览展销、品牌认证等途径不断扩大品牌的知名度，基地注重农产品质量管控，建立了农产品"从田间到餐桌"的全程质量控制技术体系，将农产品质量监管落实到田间地头，实现零距离监控和源头溯源，获得ISO 9001认证、ISO 22000认证、HACCP体系认证、环境管理体系认证、职业健康安全管理体系认证。蔬菜产品贴有"玉叶"商标、绿色食品标志、质量追溯条码等，通过品牌销售，增强市场竞争力，提高市场占有率，为丰富市民"菜篮子"、保障餐桌安全发挥着重要的作用。基地质量管控和品牌化发展获得了各级领导的肯定，基地获得全国绿色食品示范企业、省级创牌立信示范单位等荣誉，基地生产的产品获得首届江苏消费者最喜爱的绿色食品等荣誉。

陈颖在采摘蔬菜

陈颖在分装蔬菜

2016年，陈颖建立"菜篮子"周末集市，召集附近生产基地在周末为市民提供平价优质农产品，为社区市民开办健康讲座，开设了多家平价蔬菜店，还与昆意农公司一起进行农产品进社区直供活动，深受市民的欢迎。2018年，陈颖在基地和阿里巴巴盒马鲜生合作中发挥了很大带动作用，带动周边农民销售蔬菜。为了基地的发展，她带领员工"走出去"、取经学习，创新管理模式，带团队潜心研究新品种、新技术、新模式。在工作上，她注重提高员工的专业素质，多次带队扎入项目评比，拿回国家级、省级、市级各大荣誉。在生活中，她多次与员工倾心畅谈，把全部的心血融入她所热爱的事业中。面对近年来市场销售渠道的巨大压力，她殚精竭虑，提出将玉叶基地的蔬果以"绿色"为生产标准，推出特色豆芽、玉叶鸡毛菜等产品，深受市场欢迎，品牌化入驻阿里巴巴盒马鲜生，作为其定制生产基地，拓宽了市场销路，受到苏州、昆山等上级领导的表彰。

陈颖曾经为50个社区安装了智能蔬菜配送柜，开启了智慧农业、农业互联网的新里程碑。她的使命就是要带着新农人创业创新，开辟现代农业新天地。为这一梦想，2018年在她的努力下，她创建的优来谷成科创中心获得了国家级"星创天地"的称号。在争创科创中心的同时，她争取了1060亩土地，该地块位于昆山和苏州交界处，地理位置优势明显，地块附近有大学和居民区，商圈优势显著。该项目被列入2018—2020年市政府实事工程。产业园规划以智能叶菜生产、农业废弃物资源开发、农业双创平台为主要功能。科创中心的成立和产业的建设将为新农人开创一片创业的空间，中心将引进20支创业团队，为150名新农人提供就业岗位。中心的

蔬菜种植基地

建设为新农人搭建了创业平台，为创业企业提供了创新空间和技术支撑等服务。

陈颖以一丝不苟的事业心和勇于探索的创新精神，为昆山新农人树立了榜样。

她的信念是：让农业成为有奔头的产业，让农民成为一个体面的职业，让我们的田园成为公园，让我们这群新农人成为新时代、新农业的追梦人。

苏州市"最美村姑"

——昆山市种养能手刘艳

刘艳，昆山天禾农业发展有限公司董事长。公司成立于2010年，2012年被认定为昆山市农业产业化龙头企业。她本人先后被评为昆山市十佳新型职业农民创业之星、苏州市"最美村姑"和昆山市种养能手。

刘艳

创业初期，由于经验不足、种植模式不合理，刘艳走了很大的弯路。通过坚持摸索、不断试种，她终于找到适合公司发展的种植模式。现今，她秉持绿色可持续生态农业模式：使用以菜籽饼和自家禽粪为主的发酵有机肥为底肥，减少化肥用量；用田间杂草和残次茄果喂鱼和鸡鸭，做到有机废弃物全利用；灌溉全部做到水肥一体化滴灌，做到节水、省肥。发展多元化种养：农场内种植芦笋、豇豆、青椒、番茄（樱桃番茄）、芥蓝、秋葵、甜瓜、草莓、黄瓜、茄子等蔬菜；种植葡萄、桃、梨、甜柿、火龙果等果树，品种经调整后采摘期可长达180多天。

"有情怀，肯学习，常实践"是大家对刘艳做出的评价。她一方面，积极参加农业部门组织的学习培训，邀请专业技术人员现场指导；另一方面，主动对接市民需求，不断引进优新品种，调整优化种养殖结构。她先后参加了扬州大学江苏省现代青年农场主培训、昆山市农业技术推广中心农产品质量安全检验员培训、南京农业大学昆山市新型职业农民培育模式培训班、山东农业大学乡村振兴村干部培训班，参与了昆山市科技计划项目"蔬菜之王芦笋的引种及推广""红龙果在昆山地区的种植和栽培推广""农业废弃物生态处理技术的应用推广""流水生态水产养殖技术的研究"，以及2016年苏州市农业科技项目"脱毒草莓优质安全栽培技术集成"。

刘艳在田间工作

为规范管理、健全体系、走向正规，刘艳注册使用"昆禾"商标，积极开展"绿色食品"的申报和续展，在农场制定了《生产管理制度》《农药使用管理制度》《农产品种植技术规范》等一系列规章，并认真填写生产记录台账和收支记录台账，基地种植实现全程监测，从选种、种植、加工到储运，各个环节严格执行最高要求，并进行定期和不定期的农产品检测和水质检测，配合农业部门做好现场抽检，保证供给消费者最安全、营养、健康的高品质生态农产品。

作为青年农场主、新农人，刘艳深知没有党和政府的好政策、没有组织的关心，就没有现在的她。"组织和领导的信任，使我越来越觉得干农业有意义。接下来，我一定不忘初心、牢记使命，撸起袖子加油干，打响绿色农业品牌，走出一条一二三产业融合发展的现代农业道路，按照农业供给侧改革的方针，带领更多昆山农民共奔幸福小康生活。"刘艳说。

获得荣誉

一棵有机蔬菜品牌的逐梦人

——常熟市海明现代农业发展有限公司董事长顾海明

常熟市海明现代农业发展有限公司董事长顾海明，自1998年开始步入蔬菜行业，从蔬菜生产起步，以超市蔬菜连锁经营为突破口，搞活了蔬菜流通，带动了蔬菜生产的发展。目前公司已拥有蔬菜基地2000多亩，主要用于超市蔬菜的种植、加工和销售，与蔬菜零售企业（盒马鲜生、大润发、叮咚买菜等）、中小学食堂、部队等建立合作，每天为20万人次配送用餐食材，并经营公司自营的专卖店。

顾海明

顾海明长期从事企业营销，1998年底，受南方掀起的农业投资开发热启发，他把目光转向农业。经过一段时间的市场调查研究，他感觉在蔬菜上大有文章可做，便毅然辞去效益逐年下滑的企业工作，在原任阳镇建立了20亩的大棚蔬菜基地，开启了个人的蔬菜创业之路。他通过生产实践和虚心请教，学习并钻研大棚蔬菜的生产技术，初步掌握了技术要领，并逐步按照大棚蔬菜生产技术操作规程进行田间管理。由于技术到位、生产管理严格，基地当年投产当年收益。他种植的礼品西瓜、反季节草莓、樱桃番茄、水果玉米、耐热青菜、黑珊瑚茄子、台湾小白菜等，由于品质好、风味独特，上市后立即被抢购一空。有的当地居民直接到生产基地购买新鲜蔬菜，作为礼品馈赠亲朋好友。他倍受鼓舞和启发——只要产品新、质量优，不怕卖不出去。为了引进蔬菜新品和学习更先进的技术，他经常去苏州、上海等地的蔬菜基地参观学习，还多次参加苏州市蔬菜技术培训和标准化生产技术培训，进一步夯实生产技术基础。在参观学习后，他心里涌动着一股在蔬菜营销上干一番大事业的激情。

蔬菜加工车间

几年前，副食品经营超市化成为商品流通的新潮流。应运而生的大型副食品超市——大润发，十七年前落户常熟。他看中了大润发超市的商机，但当时的蔬菜超市已由他人经营，他毛遂自荐，向大润发的主管领导说明了来意和设想，最终凭实力和真诚打动了他们。大润发安排他参加经营蔬菜超市的"半壁江山"，并提供给他一个月实习的机会。在实习期间，他经营的那部分蔬菜超市，由于品种新、质量优，生意十分红火，而另一部分却大相径庭，最终被淘汰出局。初战告捷后，他立即调整思路，根据原有基地产品难以满足货源供应的现状，决定在梅李镇建立千亩蔬菜生产基地，定点生产自己的拳头产品，打响品牌。

经营的超市蔬菜得到广大消费者的认可后，他相继取得张家港、苏州、江阴等地区大润发超市的蔬菜经营权，组建了超市蔬菜的连锁经营网络。随着经营量的迅速扩大，附近几千亩蔬菜种植户的产品销路问题得到解决。经过22年超市蔬菜连锁经营的尝试，他走出了一条以超市连锁经营带动蔬菜基地，以蔬菜基地带动农户，以蔬菜基地和农户促进超市连锁经营的全新农业产业化经营之路。

公司综合部

经过一段时间的销售，他意识到产品品牌非常重要，于2005年注册了"海明牌"蔬菜商标。为了打造品牌声誉和产品质量，基地严格按照标准化要求进行生产，目前取得了良好的效果：海明长江基地被国家环保局认定为国家有机食品生产基地；"海明牌"蔬菜获得苏州市名牌产品称号，在首届中国农产品品牌大会上被评为"中国蔬菜类品牌十佳"。顾海明通过自身

蔬菜种植基地

的不断努力，带动其他农户一起发展蔬菜，他为农业做出的贡献获得了老百姓和政府的充分肯定，被选为常熟市常务委员、苏州市人大代表、江苏省劳动模范。

在新的形势下，企业的持久发展需要改革和创新。他先后投资3000多万元用于海明长江基地（国家有机食品生产基地）休闲、观光、采摘、餐饮的进一步改造，全面转型升级企业。海明长江基地以打造"科技示范型、管理现代型、运作生态型、产业规模型、产品品牌型、营销网络型"的生态农业园区为目标，大力发展循环农业，建设"蔬菜、畜禽、沼气、渔业"生态良性循环示范工程，实行农、林、牧、副和生态保护全面协调发展的综合开发与全面建设的生态模式，实现良性互动，促进区域内循环发展，积极开发观光农业，努力建设成为集"生产、加工、销售、观光、旅游、休闲功能"为一体的生态循环农业基地。

扎根乡野的新时代农业企业家

——"福运家"牌蔬菜创始人张静怡

张静怡，1969年出生，现任苏州福家农庄有限公司总经理，同时任苏州市渭塘镇人大代表、妇女代表、苏州市蔬菜协会常务理事等职务，是全国无公害农产品内检员、绿色食品企业内部检查员、职业农民、高级营养师，获得苏州市劳动模范、最美巾帼奋斗者等荣誉称号。

张静怡在田间

曾经的张静怡是一名普通职员，过着平凡安稳的日子。在看到许多人为了蔬菜质量安全问题烦恼时，她想到：民以食为天，蔬菜在人民餐桌上极为重要，如果吃不到健康安全的蔬菜，我们又何来健康的身体？为了让更多人不为蔬菜的质量安全烦恼，她毅然决定投身农业。

投身农业注定是辛劳的，尤其是对一名女性来说，对体能的要求是巨大的，但她不怕困难，流转了110亩地进行蔬菜种植。她不断学习农业基本知识，到田间全程参与种植，每一次耕地、每一次播种、每一次施肥……初到田间的她总会遇到各类大大小小的麻烦，但是办法总比困难多。经过不断地尝试，丰收的那一刻，她终于松了一口气。

　　然而蔬菜种类的多样性带来了更多的问题。每种蔬菜对技术、气候、土壤、水质、施肥、用药等都有不同的要求，想要做好蔬菜种植，还会遇到更多的问题。

张静怡在制定蔬菜生产计划

　　通过四年的努力，蔬菜种植基地做起来了。四年里，田间总有她的身影，冬日吹着寒风、夏日顶着艳阳，但她不怕，要想做好这件事，要想让一方百姓吃到健康安全的蔬菜，吃苦在所难免，苦尽才能甘来。正是靠着这份信念，她终于建设好了这片农场。2014年11月，她正式成立苏州福家农庄有限公司，将这里命名为"福地"，愿这一方田地可以造福一方人。周边居民逐渐熟悉了这里，常来福家农庄购买新鲜蔬菜，能得到他们的认可是张静怡心中最好的安慰。

　　有了良好的种植规模和一定基础后，张静怡与水天堂餐饮集团签订了战略合作协议，从此进入农产品配送市场，将农场种植的蔬菜成批销售出去。在开展农产品配送的同时，她将获得的收入全部用于农场的新一轮改建升级。一个个连栋大棚在基地上建了起来，一排排单体大棚重新站着整齐的队列，一台台机器往农场里运送……

　　在接下来的七年中，整个农场的面貌焕然一新，种植规模也日益扩大，种植技术越来越成熟，基础设施越来越完善，一波又一波的种子撒了下去，一棚又一棚的蔬菜收了上来。张静怡知道，农业，终于做好了！

　　越来越多的企事业单位、学校看到了这个农庄的闪耀，农庄也迎来了越来越多的客人：江苏千禧水天堂餐饮管理有限公司、苏州科技大学、苏州体育运动学校、中国人民财产保险股份有限公司苏州市分公司……在公司运营的七年中，每年的销售额都在成倍增加。近几年，她还不断参加社区活动，给苏州各大社区居民送去新鲜的蔬菜。福家农庄种植出来的蔬菜获得了苏州广大市民的喜爱和认可，对她来说也是最好的回馈，张静怡的内心充满了感恩。公司于2021年年销售额突破3500万元人民币，对外销售超1800吨蔬菜。

在企业不断做大做强、蔬菜种植越来越成熟的过程中，2017年5月，张静怡注册了商标"福运家"。该品牌在2018年获得了苏州市名牌产品称号。同时，张静怡申报了各类企业荣誉，分别获得了苏州市农业产业化龙头企业、苏州市"菜篮子"工程基地、苏州市高标准蔬菜生产示范基地、苏州市诚信认证企业、相城区现代农业项目基地、江苏省现代农业（蔬菜）产业技术体系苏州（蔬菜）推广示范基地、苏州市农机"两大工程"示范基地、江苏省相城福家农庄蔬菜病虫害绿色防控示范区等多项荣誉。这些荣誉是社会对企业的肯定和褒奖，也激励着张静怡不断前进，努力做好农业，造福社会。

2019年，张静怡逐步开始带动周边农户共同发展：销不出去的农产品，她帮忙找销路；她缺少的农产品周边农户也可以提供。企业互帮互助，形成一条农产品供应链，共同做大做强。

2020年疫情防控期间，作为农业企业家，张静怡在了解到疫情一线工作人员加班加点工作后买不到新鲜蔬菜的情况时，毅然决定开展"一元蔬菜"活动：每斤蔬菜仅需1元，专供抗疫一线基层工作人员及医护工作者。一线人员默默守护着广大市民的生命安全，她默默守护着这些英雄。同时，为广大社区居民考虑，张静怡也将爱心蔬菜运送至各大社区。

2022年2月，疫情反复，张静怡女士又为在抗疫一线的医护人员捐赠爱心蔬菜包，蔬菜包中有大白菜、萝卜、青菜、包菜、花菜等，每个差不多10斤重，2000多份蔬菜包饱含对医护人员沉甸甸的"爱"。与此同时，考虑到毗邻地区正在进行全域静态管理，张静怡女士又安排工作人员将各种蔬菜搭配包装成份，配送到各个点位，其中包括千禧水天堂餐饮管理有限公司、中国人民财产保险股份有限公司苏州市分公司、苏州银行等。

福家农庄提供蔬菜保障

张静怡作为一名新时代女性，十年前毅然投身农业建设，用她的辛勤和汗水撑起了一方天地，为更多人送去新鲜优质的蔬菜并带动更多人做好农业，同时在社会需要她的时候义不容辞、甘愿奉献，用一份独特的农业情怀和钢铁般的意志，树立了新时代女性农村创业的新典范。

以全程质量控制打造品牌蔬菜

——常熟市滨江农业科技有限公司

常熟市滨江农业科技有限公司是常熟市碧溪街道办事处下属企业，成立于2009年，生产基地于2011年启动建设，已累计投入生产建设资金超亿元。目前已建成核心区面积5724亩，其中，建设沥青主干道1.25万米、沟渠1万多米；9座变频恒压泵站实现了节水灌溉全覆盖；生产区建有GP-832型钢架大棚600亩；"四新"技术示范区建有连栋大棚4万平方米；配套建设管理中心及科技展示中心1600平方米、冷链配送中心900平方米和农机库房2000平方米。

公司在生产管理过程中，通过规范生产操作规程，建立田块编码和农业生产档案，实行病虫害统防统治，应用生物农药、优质有机肥料等综合措施，建立农残快速检测室，实行蔬菜生产全程质量控制。同时，公司积极推进"三品一标"建设，注册有"滨江绿"商标，积极开展品牌营销，注册商标，产品做到品牌化销售。地刀豆、青菜、西蓝花等9个品种获得绿色食品证书，公司被

园区核心区全景

列为江苏省农产品质量安全示范基地和江苏省蔬菜病虫绿色防控示范区。基地还建有专门的蔬菜采后处理区，开展蔬菜产品清洗、分级、分拣包装等采后商品化处理。

公司注重产学研对接，重点围绕设施蔬菜全产业链高效生产技术研发、集成和示范推广等方面与江苏省农业科学院、南京农业大学、农业农村部南京农业机械化研究所等科研院所开展了密切合作，先后承担或参与国家级和省部级各类科研和科技推广项目10余项，取得了较好的实施效果。目前，在研项目有江苏省现代农业（蔬菜）产业技术体系建设项目，江苏省农业科学院亚夫科技服务体系项目、甘蓝类蔬菜机械化绿色高效生产技术集成应用研究项目、农业农村部露地蔬菜生产全程机械化项目和废旧农膜回收利用项目5项。

自2019年承担江苏省现代农业（蔬菜）产业技术体系建设项目以来，公司通过与体系内高校院所深入合作，充分利用体系的科技人才和成果资源，加速蔬菜品种和技术的更新应用，每年引进10多项新品种（新技术）进行试验示范，蔬菜新品种（新技术）推广应用覆盖率达90%以上，亩均增产增效10%左右。以近年来积极推广应用的甘蓝全程机械化生产技术模式为例。从机播育苗到机耕犁地到机械植保、灌溉，到最后机械收获，全程实现机械化操作。采用该模式后，甘蓝产量达到4000～5000公斤/亩，机械化生产的平均产量与质量均超过原有

甘蓝收获

的传统人工种植，与人工种植相比，可以节本增效约350元／亩。目前，该技术模式已在常熟市碧溪街道推广约1万亩。

目前，公司种植各类蔬菜60多个品种，年产量8000多吨。种植的高品质蔬菜通过蔬菜直销、净菜配送、农超对接、网络平台等销售体系，以常熟为中心，供应范围覆盖苏州、上海、南京和常州等周边市场。公司通过苏州市农业龙头企业——台太兴业（常熟）食品有限公司加工生产速冻蔬菜，产品远销美国、日本、欧洲、澳大利亚等国际市场。

近些年，公司先后被中国蔬菜协会、江苏省农业农村厅、江苏省出入境检验检疫局、江苏省农业科学院评（确）定为蔬菜科技集成创新（常熟）示范区、江苏省"菜篮子"工程建设基地、江苏省出口蔬菜示范基地、江苏省农业科技自主创新资金核心示范基地、全国重大农技推广服务试点常熟设施蔬菜生产示范基地、"三新"项目设施蔬菜水肥一体化灌溉施肥技术推广示范基地、江苏省首批蔬菜全产业链示范基地、江苏省现代农业科技综合示范基地、苏州市级现代农业园区、苏州市"智慧农业"示范基地、苏州市高标准蔬菜生产示范基地。

蔬菜生产示范基地

跑出乡村振兴加速度

——鹿杨蔬果生产专业合作社

鹿杨蔬果生产专业合作社成立于2008年，位于太仓市璜泾镇雅鹿村现代农业园内，基地占地1150亩，其中设施蔬菜500亩，属于村集体合作社，2019年被苏州市农业农村局评为苏州市高标准蔬菜生产示范基地。

目前，合作社主要生产菠菜、西蓝花、松花菜等绿色农产品，蔬菜年销售产值达300万元。近几年，合作社依托"菜篮子"建设项目，打造蔬菜产业化示范基地和农机社会化服务基地，建设"蝶"型连栋大棚30亩，

蔬菜大棚

"全开顶"连栋大棚50亩，配备低温冷库和蔬菜加工流水线，引进农业废弃物综合利用设备，实现蔬菜全程机械化生产和蔬菜废弃物综合利用，依托农产品电子商务中心、农业大数据中心、农产品质量检测中心示范展示蔬菜现代种植技术。合作社拓宽农业发展空间，通过休闲采摘和建立科普教育基地等打造旅游产业链，提升农产品价值。

合作社成立初期，由于专业种植和管理人员缺乏，种植的蔬菜品种没有明确的定位，蔬菜产品销售成为一大难题。之后合作社决定以承包租赁形式吸引经验丰富

叶菜收割机

的蔬菜种植大户种植，最初主要种植西蓝花、松花菜、玉米、菠菜等蔬菜品种，以农户在市场上自产自销为主。经过几年种植探索，蔬菜品种比较固定，合作社以"公司＋合作社＋种植大户"模式与苏州正祥食品厂合作，对西蓝花、菠菜进行初级加工后出口到日本和欧美国家，大大提高了蔬菜种植效益，解决了初期生产和销售问题。

随着"菜篮子"工程深入实施和璜泾现代农业园区高质量建设发展需要，市场对合作社蔬菜品种和生产技术提出了更高的要求。为此，合作社开始以集体经营模式进行蔬菜种植。依托市政府农业定向委培工程，第一批农业委培生加入了鹿杨合作社，为合作社发展注入了技术和管理活力。在品种选择上，合作社引进番茄、黄瓜、甜瓜等瓜菜新品种，试种降糖草、救心菜、费菜等保健菜，示范基质立体种植等新型种植方式。近几年

蔬菜直销中心

来，合作社转变发展方式，推动蔬菜种植转型发展，跑出产业发展新速度，逐渐成为蔬菜产业发展样板。

合作社注重蔬菜质量安全建设和品牌创建，销售上以"传统销售与电商运营相结合"的模式，在电商平台开拓市场，建立直销中心并创建相关微店，同时借助璜泾镇农业园区乡村旅游的发展，开发旅游蔬果采摘等项目，带动农产品销售。另外，合作社与贵州玉屏等结对开展扶贫帮困工作，农产品销售中心成为玉屏山茶油、茶树菇、珍珠花生米等17种农副产品的销售点，不仅为玉屏农产品拓宽了销售渠道，同时也提升了当地农产品的知名度。

近年来，合作社人工短缺和老龄化的难题更加突出。合作社不断探寻机械化和智能化发展之路，争当富民排头兵。依托项目建设逐渐建立蔬菜生产全程机械化生产体系，自动播种育苗机、移栽机、无人植保机等的使用，每亩可节约人工成本2000元以上。同时，物联网技术正逐渐植入蔬菜种植大棚内，大棚内果蔬生长情况实现自动监测和生产过程全记录，温度湿度实现全自动控制，真正实现了"坐在办公桌前种地"。

从蔬菜经纪人到"番茄大王"

——太仓市新湖惠民蔬菜专业合作社张仁极

张仁极，太仓人，1977年生，1995年参军入伍，1998年退伍复员后成为城厢镇消防联队员，2000年回到家乡双凤镇新湖村成为一名"蔬菜经纪人"，2009年承包50亩蔬菜大棚，采取工厂化模式种植蔬

张仁极（左一）为小学生开展蔬菜科普

菜，随后加入新湖惠民蔬菜专业合作社，承包种植100亩番茄，从零基础开始研究番茄种植技术，以"番茄–莴苣–丝瓜"三茬套种模式实现亩产值2万元以上、亩效益1.5万元，成为远近闻名的番茄大王。他被评为太仓市、苏州市、江苏省劳动模范，先后当选太仓市人大代表、双凤镇党代表，被评为科技示范户、优秀共产党员。

从"蔬菜经纪人"到"番茄大王"，张仁极的农业创业路程就像他种植的番茄——酸酸甜甜。

在创业初期，张仁极是一名"蔬菜经纪人"。蔬菜运输工作非常辛苦，他的生活都是颠倒着过，夜里通宵干活，白天睡五六个小时又去村镇收菜。他能吃苦，卖出的蔬菜质量好，这很快让他在蔬菜批发圈小有名气，蔬菜批发生意也越做越好。凭着对家乡番茄产业的情怀，他自己承包100亩设施大棚，从上一代番茄种植户手中接下接力棒，零基础开始学习番茄种植。他

获得荣誉

向老师傅请教，对着书本学，请技术员和村里"老把式"指导，不分白天黑夜一头扎进蔬菜地里。他发现当时种植的番茄品种落后，病害发生严重，于是引进番茄新品种进行试验，在三四十个番茄品种中筛选出口感好、产量高且适宜当地种植的"东圣一号"番茄。他采用绿色食品生产标准严格要求自己，规范大棚蔬菜生产。经过几年的锻炼，张仁极逐渐成为番茄种植行家里手，他精心管理的番茄不仅无农药残留，而且口感好，深受消费者欢迎。

在种好番茄的同时，张仁极尝试莴笋、丝瓜、芋艿、彩椒、紫角叶等不同蔬菜品种与番茄轮作，探索最优种植模式。为了将蔬菜卖出好价钱，张仁极与企业联系，与商超对接，学习互联网销售模式，其业务销售拓展到苏州、上海等地，年产值达百万元以上。

作为一名共产党员、省劳动模范，张仁极在自己走上致富路时不忘带动周边农户。他经常雇用家庭困难的村民过来做工，指导农户种植绿色蔬菜，疫情防控期间帮助农户网上销售蔬菜，帮助其他菜农解决各种技术难题，带动村民一起走上科学种植的致富之路。同时他还注重新农人的培养，开设田间课堂向农业委培生传授种植技术，延续番茄产业发展。经过多年努力，目前"新湖牌"番茄已成功获得国家绿色食品认证，产业效益显著。

张仁极总结自己的创业之路，认为有四点经验可以与同行分享。

一是具有历史基础的蔬菜产业更易发展壮大。新湖村番茄种植自20世纪80年代开始逐步形成自身的特色。在当时自产自销的蔬菜种植模式下，新湖村番茄种植大户摸索改变粗放种植模式，尝试通过规范番茄种植流程、合理规划空间等，开启科学种植番茄的大门。80年代中期，新湖番茄已在太仓具有不错的市场口碑。新湖番

张仁极（右一）在指导番茄生产

茄产业在太仓已具备一定的产业发展基础，张仁极在现有产业发展的基础上，进一步筛选品种、改进生产措施，更易将番茄产业发展壮大。

二是加强蔬菜品质把关是产业发展的关键。当前消费者对蔬菜产品质量要求更为严格。从源头上把控蔬菜生产肥水管理、病虫防控等，可以有效提高蔬菜品质。张仁极在番茄种植过程中，应用病虫害绿色防控模式，严格把控农药使用。国家绿色食品认证的获得提高了番茄的经济价值，进一步提高了产业效益。

三是销售渠道多元化促进产业发展。蔬菜种植不仅要种得好，更要卖得好。在大型超市、网络平台出售的蔬菜价格比普通批发市场更高，与京东、叮咚买菜等网络商超平台对接不仅拓宽了销售渠道，更有效提高了番茄种植效益。

四是产业文化是蔬菜产业的红利。新湖番茄在四十多年的发展历程中，逐步建立起番茄产业文化。每年在新湖都会举办番茄文化节，逐步形成了"一村一品""一村一景"的田园乡愁文化，在促进农文旅融合的同时，提升了当地农民群众的归属感和幸福感，促使一代又一代的新农人投入当地产业发展。

苏州"菜篮子"保供卫士

——江苏三港农业科技发展有限公司

　　江苏三港农业科技发展有限公司位于苏州市吴江区，是一家集农副产品种植采购配送于一体的农业企业。公司在自有蔬菜生产基地基础上，配合集采，为吴江区大中小学幼儿园和企事业单位配送蔬菜、放心肉、禽蛋、鱼、优质粮油、水产干货、豆制品和调味配料等，日供应20多万人食材用量。2014年，公司紧紧抓住苏州市"菜篮子"工程建设发展机遇，在吴江国家级现代农业示范区内规划200亩地、投资3000万元，高标准建设了吴江区"菜篮子"工程示范中心，并注册了全资控股公司——苏州福康现代农业科技发展有限公司。

大棚蔬菜种植

近年来，苏州市大棚蔬菜种植面积逐年扩大，然而生产过程中因技术不到位造成连作障碍严重等问题，制约了蔬菜产业的可持续发展。为减少这些问题，江苏三港农业科技发展有限公司的蔬菜基地对照苏州市农业地方标准，做到"六个统一"提升管理水平，即统一投入品供应、统一技术指导、统一绿色防控、统一生产标准、统一品牌化经营、统一农业技术培训。

为了推行蔬菜生态化栽培种植，公司本着"实践、适用、实效"的原则，在2000平方米的连栋大棚内推广"四新"技术种植蔬菜，设置了水培蔬菜种植区、盆栽蔬菜区、LED灯板式多层育苗区，并实行

蔬菜储运分拣中心

水肥一体化管理。通过新技术、新模式的应用，既降低了用药次数及用药量，又净化了环境，大大提高了蔬菜质量。

2020年，公司开始利用视觉AI技术智能识别进出工作区域人员的身份信息，对打药、采摘等农事行为进行数据分析，助力政府提高农产品质量安全监管的智能化水平，确保生产绿色环保的优质蔬菜。

为实现蔬菜生产的良性发展，公司实施科技创新。先后与苏州市农业技术推广中心合作进行网室主要伏菜优质安全生产技术集成与示范项目实验，与苏州市农业科学院合作承担江苏省农业三新工程项目蔬菜关键性病虫害绿色防控技术，与江苏省农业科学院合作承担设施栽培蔬菜连作障碍生态修复治理关键技术研究与集成示范项目，与苏州米迪生物技术有限公

司合作进行生物农药试验基地实施，与苏州亿扬沸石生物科技有限公司合作进行沸石矿物肥改良土壤、改善农作物生长环境的实验。2020年，公司引进苏州大学先进环保纳米农业技术，建立基于碳纳米量子点的蔬菜无公害栽培技术示范体系，在15亩大棚蔬菜示范实验中取得良好的效果，减少了50%化肥使用量，降低了生产成本；利用碳纳米量子点促进生长的特性，缩短了蔬菜产品输出周期，增加了收入；完成蔬菜无公害种植的技术更新并向周边农户辐射，带动区域产业升级。

近年来，公司蔬菜基地荣获多项荣誉：2015年荣获全国优秀蔬菜生产商，2016年成功创建省级园艺作物（蔬菜）标准园，2017年成功创建农业部园艺作物（蔬菜）标准园，2018年成功创建苏州市高标准蔬菜生产示范基地，2020年荣获江苏最美绿色食品蔬菜企业。

高质量"菜篮子"直供示范园

——苏州漕湖生物农业产业园

苏州漕湖生物农业产业园为苏州"菜篮子"直供基地，核心区位于苏州市相城区北桥街道望虞河畔，于2009年开发建设。园区紧紧围绕"菜篮子"工程直供基地建设要求，以农业供给侧结构性改革为主线，以市场为导向，以农产品质量保供稳价为目标，积极探索"基地＋合作社＋农户＋公司"发展模式，将农旅、商旅、文旅相结合，全力发展以规模化、产业化、标准化、信息化和高效化为主要特征的现代农业园。

坚持规划引领，通过区域化布局科学定位发展方向。产业园先后与南京农业大学合作，结合北桥农业基础，精准把握现代农业发展内涵，科学定位发展方向，构建了"一心、三带、三基地"的产业功能格局，即生物农业博览与管控中心，灵峰农林牧渔生活体验带、漕湖绿色氧吧生态休闲带和农业休闲观光带，以及特优稻米种植、特种水产养殖和特色蔬菜种植三大特色基地。

坚持夯实基础，通过加大投入完善基础设

漕湖农业园

施。产业园先后对园区整体基础配套设施进行建设和改造提升，建成蔬菜生产区单体大棚25.5万平方米、防虫网1.6万平方米、连栋大棚1万平方米；建成农产品质量快速检测室、喷滴灌、物流加工区、泵站、农机等一系列完善的基础配套。在此基础上，产业园紧抓技术载体建设，与江苏省农业科学院、苏州市农业科学院、南京林业大学等知名科研院校开展广泛合作，依托其国家级博士后工作站，积极引进优质农业开发项目和优秀人才，打造了一支兼具现代农业生产专业技术和现代企业经营管理能力的高水平队伍。

坚持合作共赢，通过市场化运作实现良性发展。产业园自开发建设以来，先后与苏州农发集团、苏州轨道交通、苏州市部分中小学及永旺超市等单位合作，不断拓展产品营销渠道、抢占市场份额。蔬菜加工配送中心成立后，实现了农产品点对点供应、"从农田到餐桌"的一条龙无缝对接

蔬菜生产基地

的产销模式。2016年相继推出了企业微信公众号和企业App平台，线上交易、线上支付、线下配送。

坚持为农服务，搭建企业平台发挥示范引领作用。以农业产业园为载体搭建平台，加大招商引资力度，对园区现有资源进行有效整合，释放资源。充分利用"三借"（借资金、借智慧、借资源）丰富产业园功能布局，扩大社会效益，提升经济效益。积极扶持农户，快速培育一批新农人，对农户提供生产技术指导（如新品种新技术的示范），请专家对农户进行专业方面的知识和技能培训。

坚持以农为本，积极探索农旅融合新业态新模式。园区在以农为本的基础上，积极探索农旅结合、共融互动新模式，以园区小树林为核心打造1万平方米左右"田园梦想"休闲功能区，划分为咖啡茶语、户外游乐、手作体验、生态烧烤、帐篷露营、鱼戏荷莲、休闲购物7个内部功能区，增加园区功能特色。将田园梦想、采摘亲子游（认知活动）、农耕体验、农产品科普、观光垂钓等一系列活动串联起来，整合现有资源，以点带面，打造套餐式服务，推进三产融合发展，增加经济效益。

依托完善的质量管理制度，苏州漕湖生物农业产业园先后被评为苏州市"菜篮子"直供基地、苏州市农业产业化龙头企业、苏州现代农业园区、苏州市"智慧农业"示范基地、苏州市科普教育基地，荣获省级农产品质量安全追溯管理示范单位、省级园艺作物标准园建设单位、全国农村创业创新园区（基地）等称号。

"水八仙"助推乡村产业振兴

——苏州市吴中区江湾村蔬菜产业发展之路

　　江湾村位于苏州市吴中区甪（lù）直镇车坊南，河流纵横，东临吴淞江。在近几年的发展过程中，该村坚持高质量发展导向，通过以农业农村现代化发展为目标，以"水八仙"等特色产业发展为支撑，推动实现农业强、农村美、农民富。村级总资产从2016年的3163万元增加到2021年的5122万元，村级年收入从2016年的485万元增加到2021年的912万元。江湾村先后被评为江苏省卫生村、生态村、现代农业示范村、全国"一村一品"示范村，2020—2021年连续两年被农业农村部授予"全国特色产业亿元村"荣誉称号。

　　合理利用资源，实现村级集体经济稳步增长。依托"水八仙"特色产业，江湾村大力实施"八仙富民　领江前行"党建品牌，通过以村集体领办组建农产品专业合作社——苏州市吴中区甪直镇车坊江湾农产品专业合作社为抓手，带领本村村民做强做优"水八仙"产业。"水八仙"产业示范区设施建设不断完善，生产规模得到迅速发展，产品质量和品牌进一步提高，实现了产业发展、农民增收。江湾"水八仙"多次接受中央电视台、苏州电视台、《苏州日报》等媒体的报道，配合完成了《风味人间》等栏目拍摄。合作社先后被评为市级示范社、省级示范社、国家级示范社，2020年晋升为市级农业龙头企业，获评2021年中国农民合作社500强。同时，合作社全力抓好资产管理，集体资产管理账目清晰。对到期的集体农田和厂房，切实按照公开公正公平的原则进行发包和招投标，并及时做好租赁款的收缴，确保集体资产不流失和保值增值。2019年，合作社完成澄湖基地农田资源费当年度收缴率100%，借助法律手段，完成两户种植大户旧欠款的收费工作，京达环卫旧欠款也全部收缴完成。2020年，合作社完成农田旧欠款收缴率100%。

攻坚污防拆违，营造洁净美丽村庄整体环境。江湾村贯彻落实乡村振兴战略，大力开展农村人居环境整治及拆违工作，进一步提升环境面貌。近年来，总投资2600多万元，完成胡家荡、江田和东湾三个自然村美丽乡村康居村的建设，惠及农户800多户，墙面见新10万多平方米，道路新建及整修2.5万多平方米，绿化2.8万多平方米，硬质铺装1500多平方米，新增及修缮水埠65个，水系清淤3.3万立方米，新建路灯250余盏、停车场2000多平方米。配合开展吴淞江沿线环境整治及苏申内港拓宽工作，完成沙场、船只保养、钢管堆场、碎石厂等的清理腾退，整治清退面积达2.3万多平方米。深入推进"263""331"整治行动，开展工业区"1531"大整治工作。2021年通过自查及上级督查发现16个问题，其中"263"整治9个问题、散乱污整治7个，已全部得到整治。开展农村人居环境整治工作，清理生活及建筑垃圾275余吨，清理乱堆乱放636处，清理鸡鸭棚舍246处，清理乱贴乱画265余处，拆除三格式化粪池简易棚395处，修并公共厕所41个，修缮路面1560余米，清理杂船76只，全村人居环境面貌得到了有效改善。

加强投入力度，推动各项社会事业加快建设。完善交通设施建设，完成了江湾大桥重建工程、江湾村主道路新建工程，切实解决村民出行问题。实施高标准农田工程及澄湖基地土地整平工程，对江湾村1000亩农田开展高标准农田改造建设工作，建设机耕路及水利设施，修建生态木桩驳岸2.8公里。开展水生蔬菜种植资源圃建设，保存优良品种资源，推动苏州全市"水八仙"品种改良更新。积极推进市级高标准蔬菜基地建设，在澄湖基地完成市级450亩"三高一美"高标准蔬菜基地建设工作。建成投用江湾村综合服务中心，完善村内幼儿教育、医疗卫生、婚庆活动、文体中心等服务设施，进一步提升村级综合服务水平。对老村委会进行改造，集老年活动室、日间照料、妇女儿童之家等功能于一体，满足村民对文化娱乐生活的需要。澄湖基地党群服务驿站完成建设，将党建引领延伸到田间地头，充分发挥江湾村党总支党建引领、为农服务功能。

农耕生态保护的坚守者

——苏州市"五月田"有机农场

2009年，"五月田"有机农场落户同里古镇吴江国家现代农业产业园内，占地近300亩，包括有机蔬菜种植面积117亩、果树种植面积60亩、生态家禽养殖面积20亩。农场主是一对从国外留学归来的年轻夫妇。"五月田"的名字取自五月这个生机勃勃的季节，也代表着"五月田"人的美好愿景：重建友好环境、保持富有活力的农耕生态。

"五月田"有机农场

十多年以来，"五月田"始终坚持有机理念，连续十年获南京国环有机认证，忠实服务本地市民，是苏州知名有机农产品品牌。如今，除服务700多家会员以外，农场还在苏州园区高端商超设有专柜。

"五月田"农场设置了育苗种植、果品采摘、水生作物、循环养殖、生产配套五个作业区。生态环境佳、生产技术优、人才培养多、经营创新敢是该农场的四大亮点。"五月田"的成功之路主要有四条宝贵经验。

坚持改善和保护生态环境。"五月田"把近300亩多年板结的黏性土壤改良成富含有机质、适合多种蔬菜种植的活力有机土。通过循环生产，提高生物利用率，减少生产中产生的碳足迹。农场内生产区域可见野兔、刺猬、雉鸡、黑水鸡、青蛙、蛇等本地生物，部分形成良性种群。

水生蔬菜种植

坚持引进使用先进的农业生产技术。在保证产量的同时，"五月田"不断投入资金和人力，协同科研单位进行品种改良和技术创新。先后同上海交通大学、南京农业大学、苏州农业职业技术学校、常熟理工学院、苏州市种子管理站、苏州市蔬菜研究所等单位建立了合作关系，不断增加农技占比，更新大棚设施，引入智慧农业系统。农场带动了周围一批种植户试种新品种，改用有机肥，提升农业设施，增加农民收入。

坚持培养青年农业人才。"五月田"农场是吴江新型职业农民创业培训基地，大学生约占员工总数的70%。农场还设立了助学金，鼓励员工持续学习。很多大学生通过两三年的学习，逐渐能够独当一面。不少从"五月田"成长起来的大学生，自己也走上了创业之路。大学毕业生王道远、卢练从"五月田"返回老家后，在宿迁承包了土地，自办农场，王冬雪在徐州老家办起了肉兔养殖场。

坚持不断创新经营模式。"五月田"根据市场需求和发展，开拓会员宅配、社区团购、商超专柜、电商直播等销售渠道，不拘一格积极探索，和花园饼屋联营的"花园五月田"品牌，网上年销售额破千万元。农场从刚开始拼拼凑凑的几百万元，到现在固定资产近两千万元，不但实现了资产增值，更是对青春梦想的最好注解。

小学生来农场接受科普教育

在立足生产的同时，"五月田"有机农场还针对中小学生积极开展生态科普活动，并开辟了农耕体验园，让更多普通市民通过实践，真正感受环保对于农业生产的重要性，深切体会"绿水青山就是金山银山"。

打造现代化育苗工厂

——苏州维生种苗有限公司

苏州维生种苗有限公司成立于1988年，采用美国维生股份有限公司的倒金字塔育苗技术，从事工厂化蔬菜穴盘育苗及中高档盆花的生产，是国内第一家进行工厂化生产种苗的公司。

蔬菜穴盘育苗

公司占地118亩，初期建成育苗智能温室15亩，之后逐渐扩大，到2019年初，智能温室面积达到45亩，连栋温室面积达到15亩，玻璃温室面积达到1500平方米，户外生产基地面积达到45亩。主要经营项目包括蔬菜种苗、花卉种苗、种子、盆花、温室及配套设施、温室灌溉设施、园艺、农艺资材等。产品畅销全国，年产能力为1亿株各类蔬菜、花卉种苗，同时生产100多万盆各类盆花。目前，公司已成为江苏省最大的工厂化育苗生产商之一。

近些年，公司与苏州农业职业技术学院、苏州大学、苏州旅游与财经高等职业技术学校、安徽农业工程职业技术学院等院校建立长年校企合作，为在校学生提供实习就业基地、大学生创业教育基地。2007年，公司参与起草了苏州市农业地方标准《西瓜嫁接苗工厂化培育技术规程》《西蓝花工厂化育苗技术操作规范》。2016年与苏州大学一起研发的《一种桑树穴盘育苗方法》获发明专利，同年配合苏州市园林局、留园参与设计苏州园博会苏州馆并提供布展所用花卉，获得金奖。2018年扬州园博会再次与园林局及留园一起设计、布置苏州馆，获得金奖。

蔬菜穴盘育苗

"最美村姑"创业致富带头人

——苏州漕湖农发生物农业有限公司戴云霞

戴云霞，中共党员，农艺师，1982年出生，江苏盐城人，现任苏州漕湖农发生物农业有限公司技术总监、江苏省现代农业（蔬菜）产业技术体系苏州市推广基地技术主管、苏州市相城区第四届党代表，荣获苏州市"最美村姑"创业致富带头人、苏州市好青年、相城区阳澄湖农业突出贡献人才等称号。

出身农村的她，从小看到父母起早贪黑、在田间辛勤劳作，日子却依旧过得拮据。父母竭尽全力供她读书，希望她不要走他们的路。但戴云霞却想为农民做点事，改变父母对农业的看法，所以她填报了扬州大学农学院农学专业。在学校里，她光荣地加入了中国共产党，由于成绩优异，还被推荐为免试研究生。

戴云霞

　　硕士研究生毕业后，戴云霞婉拒了导师让她继续读博的建议，不顾家人反对选择了从事农业。她先是在一家微生物菌肥企业做技术员，但公司生产一直停滞不前，只安排她做一些打杂的闲差。不安于现状的她毅然决然地选择了辞职。2012年，戴云霞来到漕湖蔬菜基地，看着地里绿油油的蔬菜，倍感踏实。于是她留了下来，成为一名新型农民。

　　戴云霞初到基地时，基地的生产管理团队都是周边的失地农民，凭着传统的种植经验进行生产，品种差、管理散乱，农作物的产量和品质较低。戴云霞一方面通过现场示范教会农民育苗、吊蔓整枝、科学施肥用药等实用技术，另一方面大力引进蔬菜新优品种及配套栽培技术，优化种植结构。她相继引进了秋葵、黑土豆、水果胡萝卜等新优品种五十余种，以及配套的栽培技术，极大地丰富了基地的产品种类，提高了种植人员的科技水平。

　　在丰富市民"菜篮子"的同时，戴云霞更注重的是让市民吃上"放心菜"。因此，在做好新品种新技术引进的同时，戴云霞逐步开始抓基地的农产品质量安全管理：从源头严格把关农药、肥料等生产投入品的进货渠道和进货品种，规范生产投入品的领用流程和使用方法，设专人负责农残快检工作和各类台账记录。2014年，戴云霞所在基地成为苏州市第一批试点单位，成功运行苏州市质量控制系统，实现基地农产品质量安全可追溯。凭借完善的质量管理制度，基地成功获评江苏省农产品质量安全追溯示范单位、江苏省农产品质量"创牌立信"示范单位等荣誉称号。"漕湖滩"蔬菜成为第53届世界乒乓球锦标赛指定供应产品。

　　戴云霞通过与科研院校的科技项目合作，大力引进良种良法，示范推广蔬菜标准化生产，提高蔬菜种植效益。同时，搭建服务平台，每年邀请专家到基地为基地及周边农户培训2～3次，并安排公司技术人员定期入户指导。通过培训和指导，为农户解决生产实际问题，使一项项提质增效的科技成果在农户中推广开来，带动了一大批农民走上现代化的高产、高质、高效农业生产道路。

2015年，基地成功创建了部级园艺作物标准园700亩。2017年基地获评全国农村创业创新示范基地（园区），2018年又成功创建了苏州市高标准蔬菜生产示范基地。戴云霞参与的特优风味樱桃番茄品种选育及绿色高效生产技术集成推广项目获江苏省农业丰收奖二等奖。

另外，戴云霞通过与上级各主管部门对接，组织和接待各类市民到基地进行双向交流活动。每年组织和接待科普参观、现场教学等活动20余批次800余人次，组织农户参加各类农交会、农博会、绿色风等活动十余次，有效带动了基地农产品的销售，提升了基地知名度，促进了农业增效。

第七章
南通案例

- 新型农民标兵
- 返乡创业种蔬菜　带领村民共致富
- 设施蔬菜产业"领跑者"
- 让土地生金产银的"新知识青年"

新型农民标兵

——如皋市东凌家庭农场农场主沈义兵

沈义兵，男，江苏省如皋市东陈镇人，现任如皋市东凌家庭农场法人。2008年之前，沈义兵从事个体装潢，2008年后，国家惠农政策力度空前，他先后参与了县级、地市级农业项目建设。

2008年，沈义兵与本村蔬菜种植户共同成立了东凌蔬菜专业合作社，流转土地200余亩，争取县市级项目资金60万元。合作社投资建设了连片钢架大棚200多亩，带动周边菜农祝龙余、沈兴龙等10余户共同种植蔬菜，亩收入1万元以上。

2010年，沈义兵在如皋市开发区万顷良田承包120亩土地，种植番茄和芹菜，其中番茄栽培面积达50多亩，亩产值1万多元，规模及效益在南通及苏北地区数一数二。

2013年，沈义兵砥砺前行。在番茄规模化生产的过程中，如皋市农委对他们非常关心，江苏省现代农业（蔬菜）产业技术体系首席专家、南京农业大学教授郭世荣和江苏沿江地区农业科学研究所张俊对农场番茄生产采用水肥一体化栽培进行指导，亩产量达1万多斤，亩产值达1.2万元以上。

近年来，沈义兵通过不断考察、学习与积累，结合如皋土壤富含硒等微量元素非常适合优质蜜梨种植的优势，投资50万元，于2014年建成了一个40亩的梨园，主要栽培日本品种秋月、江苏省农业科学院果树研究所品种苏翠1号。目前梨园已逐步有产出，达到了预期目标。

2017年，沈义兵积极响应乡村振兴的号召，在各级领导的关怀下，成立了如皋市东凌家庭农场。该农场目前已是如皋市草莓绿色生产示范基地、市级示范家庭农场。在50亩草莓供应本地市场的同时，农场的产品还销往南通、苏州及上海等高端卖场、超市。在取得较好经济效益的基础上，也收获了不少荣誉。2018年1月，在江苏东海举行的第三届江苏"紫金杯"草莓评比中，该农场培育的草莓获得金奖。

在十余年的生产经营中，他坚持绿色生态种植理念，坚持对土地有机投入，施用生物有机肥数以千吨。功夫不负有心人，农场的蜜梨和草莓远近闻名，有口皆碑，畅销大江南北。

农场每年雇用农村剩余劳动力5000人次以上，在自身实现收益的基础上，也帮助周围农户年增加收入万元以上，同时吸引部分农民搞起了经济果蔬种植。

下一步，沈义兵将通过参加新型农民的技能学习与培训，掌握现代企业管理方法，加快农场有机种植的推进，做好商标注册、地理标志认定等，不断适应新形势发展需要，进一步致富百姓、提升自我、更好地为市民提供优质的果蔬产品。

返乡创业种蔬菜　带领村民共致富

——如皋市金旺家庭农场负责人王小龙

在"长寿之乡"如皋市，有一家远近闻名的家庭农场——如皋市金旺家庭农场，它被评为江苏省示范家庭农场、江苏省农产品质量追溯管理示范单位。农场负责人王小龙是当地返乡创业人员，现为全国农业劳动模范、南通市劳模、南通市新型职业农民优秀标兵。

王小龙

王小龙是一名退役军人，年轻时当过村干部，也外出打过工，从基层干起当到上海民营企业的生产厂长。2003年他在南通市场从事蔬菜批发业务，开始涉猎蔬菜行业。2010年，如皋市磨头镇丁冒村有30亩蔬菜园区因经营不善对外转让，王小龙兄弟俩就将其盘了下来。刚开始，他们只是种植常见蔬菜，结果连年亏损。王小龙意识到，在常规品种竞争压力大的情况下，要让自己的产品脱离同质化竞争，就需要向差异化、品质化方向发展。他认为种植新特品种更易赢得市场，因此他及时进行调整，决定在品种选择上走高端特色农业的路子，大力培育高品质、高营养、高附加值的蔬菜品种，先后种植芦笋、枸杞、长寿菜、苤蓝等蔬菜新品种30多个。王小龙深知科学技术是第一生产力，主动与科研院所开展合作，不定期邀请农业种植专家前来指导。农场逐步形成露天与设施栽培相补充、连栋大棚与标准钢架大

如皋白萝卜产品

棚相配套、旱生与水生作物共发展的模式，形成了规模种植，创出了特色品种。

在科技生产取得成效的同时，王小龙同样重视产品的销售。他从市场倒推，根据市场需求指导品种结构调整。只要市场上有需求、价格高，他就会尝试引进种植。农场在南通市农副产品物流中心拥有固定摊位，可以掌握第一手市场行情且具备净菜加工技术。利用多年来从事蔬菜营销积累的经验与渠道，他打通了生产、加工、销售、配送各环节。依托沪皋农产品流通商会，他积极承接大中型企业蔬菜配送业务和企业节日礼品礼盒，将销售半径从南通拓展到上海、无锡、苏州等地。同时注重品牌影响力，注册了"皋膳源""皋鲜惠"2个商标，主打世界长寿之乡"硒"有蔬菜品牌。目前，大棚枸杞头、芦笋、蕹菜等中高端蔬菜已成为农场拳头产品，襄荷、芦笋等已成为周边市场的主要货源之一。农场近期亦在大力发展农产品电商和旅游休闲采摘新业态，进一步打造营销新模式。

获得荣誉

经过10年的自我积累发展，王小龙把金旺农场由最初的30亩大棚蔬菜发展至目前的200多亩循环经济园，吸收周边劳动力60多人，人均年收入增加1.5万元。金旺农场除了自身发展外，还通过现场演示传授、电话咨询答疑、主动上门服务指导等方式，从生产技术、市场销售等方面带动当地农户大力发展蔬菜生产，帮助磨头镇紫薇星家庭农场等20多家种植大户共同提升蔬菜生产水平；同时，充分依托自身在上海、南通农产品市场的窗口优势，在九华镇等地设点收购露地蘘荷，带领广大种植户走向大市场、创造更多效益。在科技引领、发挥特色、打造品牌的基础上，农场影响并带动周边农户共同发展。

王小龙通过自身努力，脚踏实地创出一番事业，用自己的行动为实现乡村振兴作出一份贡献。

设施蔬菜产业"领跑者"

——南通强盛农业科技发展有限公司董事长陆小强

陆小强，南通强盛农业科技发展有限公司（以下简称"强盛公司"）创始人、董事长。强盛公司成立于2005年，是一家集优质果蔬生产、销售、加工为一体的公司，位于南通市现代农业特色镇海门高新区振邦村。公司园区占地

陆小强在温室

约1000亩，投入4000万元，建有国内一流水平的玻璃智能温室40亩、新型日光温室40亩、连栋钢架大棚40亩、8米宽的标准钢架大棚350亩和基质无土栽培40亩，园区内路、电、水系统基本配套。公司已成功申报认定了5个无公害农产品、3个绿色食品农产品。公司生产的蔬菜产品已成功进入上海肯德基和麦当劳、上海西郊国际农产品交易中心、上海孙桥农贸市场、南通市海门区政府等单位。公司生产的黄瓜、结球生菜、番茄、甜椒直供国内大中型快餐连锁店，与多家企业建立了长期的合作关系，并成功入驻华东地区500强餐饮企业，已成为上海高端酒店及大型超市的特色蔬菜原料固定供应商。

近年来，公司被认定为江苏（海门）现代农业（蔬菜）科技综合示范基地、江苏省农产品质量安全追溯管理示范单位、江苏省蔬菜标准园、江

苏省农业科学院博士服务工作站、江苏省挂县强农富民工程科技示范基地、南通市重点龙头企业、南通市科技创新服务示范基地、南通市放心食材供应链联盟、上海市蔬菜外延生产基地、供港备案基地等。

回顾公司发展历程，陆小强感触颇深。

20世纪90年代初，初中毕业的陆小强离开海门农村老家，到上海打拼。当时上海徐汇区还有农田，他骑着自行车载着两个篓筐，到地头收到蔬菜，拉到批发市场卖掉。经过慢慢积累，逐步从小零售发展到成立自己的公司。

陆小强

公司成立不久，陆小强就与某知名餐饮企业达成供货合作。在从事蔬菜派送的过程中，他看到了市场的机会。一方面，从批发市场拿菜和从地头收购价格上有区别。另一方面，在对品质的把控上，两者也有区别。于是，回老家种菜的想法在陆小强心里萌发。

2003年，他带着第一桶金50万元，回到家乡开始种植蔬菜。先从50亩的露天式蔬菜种植做起，第二年就成了海门当地用钢架大棚种植蔬菜的第一人，随后一年基地扩大到200亩。2005年，他成立强盛公司，2007年基地规模又扩大到接近500亩，打造全部设施栽培的种植模式，并开始不断扩展。为了长期稳定地给餐饮企业供应蔬菜，强盛公司也在福建、云南、内蒙古、河北、北京等地开拓合作基地。

蔬菜种植基地

　　为了保证肯德基、麦当劳蔬菜全年供应，公司一开始是把外地种出来的结球生菜运到华东地区来销售，这种方法存在很多运输风险和投资风险。经过六七年的市场摸索，陆小强决定把蔬菜主供应地放在南通，通过日光温室来延长本地蔬菜供应期，以外地蔬菜为辅。于是陆小强去山东寿光考察，并花了100多万元引进一批日光温室，希望把当地的模式搬到海门来。由于两地的气候和地理条件不同，第一轮引进并没成功。陆小强带着自己的团队去青岛平度，在当地专家的指导下，根据海门本地气候特点建造了第二代日光温室，并通过不断改进终于获得成功。

　　周年供应有了保证，怎么样能让消费者吃得更健康呢？这时，无土栽培技术引起了公司的注意，从日光温室的改造到水肥一体化的升级，以及模式种植的探索，公司花了7年时间才获得成功。这期间，公司借助江苏省蔬菜产业技术体系专家的技术支持，不断完善改进设施装备和管理技

供港基地蔬菜

术，目前已在番茄、黄瓜、叶菜等蔬菜作物上成功应用。尤其是叶菜水培技术，一年可收10～12茬，土地利用率是传统土培的4～5倍，亩产实现翻番，可年产叶菜类蔬菜近20万吨，亩效益近8万元，而且实现全程水肥一体化管控。公司种植上海青、京水菜、小松菜、全能西芹、顶绿韭菜等多个特色品种，并通过订单农业方式供应肯德基、麦当劳、叮咚、盒马鲜生等市场。

看似一帆风顺的创业路，其实并不总是风平浪静。2015年底，因为新投资了一批日光温室，公司资金周转困难。为了缓解资金压力，陆小强卖掉了上海的房产。正是凭借良好的现金流和开诚布公的合作方式，强盛公司稳步发展，一步步强大起来。

2020年8月，南通市蔬菜产业联盟在海门成立，陆小强当选为理事长。联盟把南通的蔬菜品牌组织在一起，共同打造"通味鲜蔬"这一区域公用品牌，以此来扩大南通蔬菜产业的知名度和影响力。同时公司与政府合作，围绕"一村一品"开展工作，为乡村振兴贡献力量。

让土地生金产银的"新知识青年"

——启东市嘉禾力农业发展有限公司总经理茅赛赛

茅赛赛，1989年出生，启东市嘉禾力农业发展有限公司法人代表、总经理，南通市第十六届人大代表、启东市党代表、启东市第十七届和第十八届人大代表、中国农村青年致富带头

茅赛赛观察蔬菜长势

人协会理事。他曾获得江苏省创业之星、江苏省农村致富带头人、江苏省乡土人才"三带新秀"、江苏好青年、南通市十佳青锐青年、南通市十大杰出青年企业家、南通市新型优秀职业农民标兵等荣誉称号。

大学毕业后茅赛赛踏上工作岗位，当时有三个岗位可供选择。一个是南京高速公路管理处管理员，另一个是上海果蔬集团公司职员，再一个是南通某公司财务主管。然而，他全部放弃，最终选择了农业。之所以选择做"农后代"，缘于大学毕业前的两次农村调查。在农村调查时，他看到了农村极大的变化和崭新的面貌，也看到了"银发浪潮"提前到来。在农村，新科技很难普及，新设备缺人使用，先进农业设施闲置、耕种技术滞后。看到这里，一种责任和担当油然而生。已然切身感受到了新农业时代来临、听到了乡村振兴战略响亮号角的他，决心向20世纪60年代的知识

青年好榜样邢燕子、董家耕学习，到农村去，到最需要的地方去，用学到的知识去建设社会主义新农村。

茅赛赛毅然放弃了大城市的发展机遇，回到故乡启东开始了他的绿色有机农产品种植事业。回村后，他面临很多困难，与原本的构想相距很远。启东当地党委政府、村党总支也非常支持他的创业，积极帮助他流转土地，在劳动力使用方面也提供了很多帮助。他创业初期遇到的相关问题被一一克服。

茅赛赛在育苗

茅赛赛先在启东市近海镇向阳村流转土地300余亩，办起了合作社，后又在惠萍镇流转土地700余亩、在南阳镇流转土地400多亩。2015年7月，茅赛赛成立启东市嘉禾力农业发展有限公司。创业初期总是充满挑战和风险，在遇到艰难和挫折后，茅赛赛决定在农业生产方式上进行提档升级。他先后从日本三菱公司引进2套水培蔬菜植物工厂种植设备，一套种植叶菜、另一套种植茄果类农产品。新设备完全颠覆传统农业种植模式，全程智能化控制，大大提高生产效率。他的创业故事《返乡创业忙》登上了《人民日报》。

公司大棚内普及了喷滴管配套设施，节水灌溉面积达100%，提高了抵御自然灾害的能力，确保蔬果作物优质高产。公司建立了蔬果工厂化育苗基地，最大限度发挥茄果类、瓜果类、叶菜类和豆类蔬菜工厂化规模育苗的作用和市场优势，突破了常规蔬菜育苗生产技术瓶颈。通过工厂化育苗、集约化生产、规模化经营，以公司带基地和农户的模式，大大提高农民种植效益，推动当地蔬菜产业的可持续发展。公司注册了"嘉禾力"商标，鲜食蚕豆、生菜、黄瓜等被评为国家级绿色食品。公司还加大农业科技协作攻关力度，加快创新成果转化应用，一年四季生产叶菜类蔬菜供应上海市场，获得消费者青睐。

蔬菜连栋大棚

目前，公司启东基地共有面积1400余亩，2020年销售额1349万元，年均带动就业300余人，人均年工资1.8万元，每年给付农民工薪酬400多万元。此外，公司辐射带动周围合作社社员100多户。茅赛赛积极辅导、培训他们，互通果蔬市场信息，带动他们共同致富。

在企业提档升级的同时，每年茅赛赛也在公司周边几个村开展扶贫养羊项目，每年选择十几户贫困户加入项目中来，并且给予每户5000元的运转经费，同时帮农户购买养羊保险，时刻做好帮助销售的准备，定时组织大家进行科学养羊技术培训。此项目每年为贫困户增加超1万元的经济收入。

2017年，启东市嘉禾力农业发展有限公司响应国家号召、积极投身脱

蔬菜生产

贫攻坚主战场，先后在革命老区江西省赣州市的于都县和兴国县两个县城投资建设1万余亩的连栋大棚农业园区，主要以"公司＋村委会合作社＋基本菜农"的发展思路，按照分别占有60%、10%、30%利润的合作模式生产经营。在村党组织的组织下，农户认领公司大棚，每家每户能拿到差不多10亩左右大棚，同时公司每年支付2000元／亩的保底工资。每家差不多都能拿到30%的销售纯收入和2万元的保底工资，共吸纳当地4000多名富余劳动力，其中建档立卡贫困户300余人，有力带动了广大人民群众脱贫致富。

2019年5月20日，习近平总书记到江西调研时，来到了启东市嘉禾力农业发展有限公司位于于都县梓山镇的富硒蔬菜基地。他充分肯定了公司在脱贫攻坚过程中所做的工作。这让茅赛赛倍感光荣，极大地增强了他继续在农业这个领域奋斗的信心。他表示，习近平总书记的话将激励自己在农业上不断前行，在将企业做大做强的同时带动周边农民致富，为乡村振兴贡献自己的力量。

第八章
连云港案例

- 新时代"三带能手"
- 温室大棚里的"巾帼之花"
- 蔬菜"缤纷王国"创造者
- 跨界"菇王"
- 蔬菜高效轮作种植模式探路先锋

新时代"三带能手"

——东海县北芹蔬菜专业合作社理事长王文成

在素有"苏北小寿光"和"苏北第一高新农业科技园"美称的连云港市东海县桃林镇北芹村，有这样一个人，他多年来作为蔬菜合作社带头人，带领当地农民共同经营土地，为当地农村经济的快速发展、人民生活水平的逐步提高做出了巨大的贡献。他给人的印象始终是干练、朴实、做事勤恳、敢于创新、鞠躬尽瘁。他就是东海县桃林镇北芹村北芹蔬菜专业合作社理事长王文成。

王文成（左一）与菜农查看蔬菜长势

王文成曾担任桃林镇北芹村村主任一职。任职期间，他的工作态度认真敬业，获得了北芹村村民的一致好评。1999年，县里宣传推广大棚蔬菜种植，发动村民种植温室蔬菜大棚。村民们没有接触过大棚，没人愿意去种。

这时，王文成挺身而出，带领村民尝试种植温室蔬菜大棚，结果非常成功，种植规模也从当时的只有几户大棚户均几分地，到现在的几百户户均几亩地。

由于对蔬菜大棚种植技术不了解，在种植初期，王文成走了很多弯路，于是他到处学习种植技术。为了不影响村里工作，他辞去了村主任一职，专心搞蔬菜大棚种植。2008年，王文成成立东海县北芹蔬菜专业合作社，带领村民专职种植当时大家都不看好的大棚蔬菜。当时种

王文成（右二）分享蔬菜育苗经验

植大棚蔬菜的社员只有几户，大棚规格小，一个大棚的种植面积只有几分地且投入大（四千元左右），根本无法吸引更多的村民加入。这时，王文成永不服输的性格发挥了巨大作用。没有技术，他就带领社员多次前往山东寿光参观学习，到处搜集蔬菜种植技术书籍、报刊等资料。他吃住在大棚，看书和报纸，只要有学习种植技术的机会都不错过。当时，村党支部委员会专门从山东寿光请来了技术员。这位技术员就住在王文成家里，技术员与王文成同吃同住，王文成就寸步不离地跟着他学习，从中学到了大量种植技术。他还带领技术员到各家大棚指导种植技术。

　　第一个收获季节来临时，令大家意想不到的是效益还不错。王文成家一个大棚的收入达到8000多元，两个大棚的收入就达1.6万多元，这在当时算是不错的收入。这样的效益让王文成更有信心去发展大棚业务。第二年他又号召了不少村民加入，效益依旧非常可观。慢慢地，村民看到了种大棚带来的效益，于是便有更多的村民主动找到王文成，让他传授大棚种植的经验。随着种植队伍的逐渐扩大，合作社又出现了新的问题："菜多了，没有市场，蔬菜销不出去怎么办？"王文成就带领合作社几位核心人员一起出去跑市场。这样一来，客户就多了，合作社慢慢走上正轨。

合作社步入正轨以后，王文成就开始考虑如何才能管理好合作社。经过一段时间的实践和推敲，他觉得要想合作社能够发展壮大，就应该对社员实行"四个统一"：统一建设、统一管理、统一种苗、统一销售。社员收获的蔬菜由合作社统一销售。这样一来，社员就可以放心大胆地去种植蔬菜，没有了后顾之忧。

随后，合作社建设了钢结构销售厂房5000平方米，办公大楼1500平方米，为社员提供了更好的销售中心，而合作社就从销售中按照每公斤收0.06元拿到提成。一年下来，合作社经营收入可达30多万元，净收入0.8万多元。到了2022年合作社销售收入8.6亿元，净收入210多万元。社员从2008年亩均收入2万元提高到2022年亩均收入5万～8万元。这样的变化让常年在外地打工的村民也纷纷回家加入王文成的队伍。合作社还吸引了周边数村的农民加入，现在已发展到社员近400户，种大棚面积已达1.2万多亩。现在合作社已有综合服务中心（办公大楼）建筑面积1300平方

北芹村番茄交易市场

米，培训室、质量检测室、物联网监控室、电商平台等科室功能齐全；建成标准育苗场1万平方米，已有1.5万平方米的万吨蔬菜交易市场，被评为市级原产地农产品交易市场。客户也从附近城市逐步拓展到江苏南京、徐州、上海、河北、湖北武汉，安徽，最远可到黑龙江佳木斯等地。合作社生产的"北芹口"牌蔬菜入驻各大超市。合作社的发展还带动100多个劳动力创业就业，如装卸工、包装工、代收经纪人等。

在王文成的带领下，合作社发展迅速，并且实行了入股分红制度，2014年分红15万元，2018年分红32万元，曾多次被评为先进合作社、二十佳农民专业合作社、五星级农民合作社、国家级示范社。合作社基地2011年被评为省级现代农业园区，2017年被评为全国农村创业创新园区(基地)，2019年成功申请创建省级现代农业产业示范园。2018年"北芹口"圣罗兰西红柿获绿色食品认证。2019年"北芹口"西尔贝西葫芦、绿状元西葫芦、蓓丽2号西葫芦获绿色食品认证。王文成本人也多次被评为全市农民创业致富之星、东海县五一劳动奖章、连云港市带动群众致富十佳能人、江苏省乡土人才"三带能手"等。

目前，合作社还在逐渐扩大，积极创新，准备从事蔬菜深加工、冷链等业务来进一步扩大市场，带动更多农户加入合作社，生产精品蔬菜，走出国门，走向世界。

温室大棚里的"巾帼之花"

——东海设施无土栽培农业的带头人韦庆红

韦庆红在田间采摘

韦庆红，1982年出生，连云港市东海县房山镇人，戴着眼镜，文文静静的，给人的第一印象是邻家女孩的形象。就是这样一个看上去柔柔弱弱的女子，已经在农业行业深耕了十多年，取得了突出成就，目前拥有1家农业公司、1个合作社及1个家庭农场。

从小在农村长大的韦庆红，对农业生产不陌生。由于那时候的农机具比较落后，每到农忙时节，大人小孩都累得很，因此她小时候的梦想就是脱离农村、跳出农门。2008年一个偶然的机会，她看到了一家企业招聘去日本从事无土栽培的研修生。看着宣传册里那干净的种植车间没有泥土，她瞬间觉得这就是未来农业的样子。于是她当场报名，通过层层面试，最终顺利过关。到了日本，她给自己定下目标，一定要学会无土栽培技术。在日本的3年里，栽培车间就是她的实践基地。每天下班她都会在自己的小块地里试种、对比研究，双休日就去当地农校学习，遇到不懂的就通过查字典记录下来、请教老师。3年的学习让她对农业有了全新的看法，农业的发展归根到底靠的是科技，提供健康安全的食品是农业的基本要求。

回国后，韦庆红在县城附近承租了6栋温室大棚，搞起了樱桃番茄无土栽培，吸引市民前去采摘。小试牛刀，便获得了很好的经济效益。2016年她扩大规模，流转了60亩土

韦庆红（左一）介绍黄瓜水培技术

地，继续从事樱桃番茄无土栽培，一部分产品供应县城菜场，一部分供给市民采摘。在事业蒸蒸日上之时，2018年她投资100万元，成立连云港康翔农业科技有限公司，同时也成立了东海县康祥蔬菜种植专业合作社。公司基地位于连云港市东海县房山镇柘塘村236省道边，交通便捷，环境优美，与周边千亩藕塘相连，和美丽的房山水库基地相接，形成一道亮丽的风景线，是人们休闲采摘的好去处。公司樱桃番茄供不应求，年产值突破100万元。在樱桃番茄无土栽培基础上，公司拓展了黄瓜、草莓等无土栽培品种。2021年，公司无土栽培的水果黄瓜获得了江苏省优质黄瓜好品牌

获得荣誉

银奖，公司也获得了连云港市农业产业化市级重点龙头企业的殊荣。

当前，韦庆红正积极考虑如何把公司进一步做大做强，努力打造房山樱桃番茄风情园，做到"人无我有、人有我优"，让樱桃番茄成

为房山农业地标品牌。下一步，她要对无土栽培的樱桃番茄的品质进行把控，并且将物联网智能系统、水肥一体化滴灌、病虫害绿色防控技术、可追溯体系等现代农业科技融为一体，结合使用灭虫灯、诱虫板、套袋等物理手段，确保产品绿色健康，品质更有保证。她说："东海已经有了黄川草莓、东海西红柿、石梁河葡萄等特色农业地标，我们要争取把特色樱桃番茄也做出名堂。"

公司自创建以来直接带动附近农民30余人就业，大大提高了他们的收入水平。同时不断吸引周边乡镇种植户前来学习，她毫无保留地把技术传授到这些新农人手里。

韦庆红的奋斗目标是，争做乡村振兴致富带头人，要通过自己的努力，让家乡的父老乡亲不再面朝黄土背朝天，让农业成为人人向往的好职业，让农业更强、农村更美、农民更富。虽然以后的路还很长，但她的奋斗永不止步。

蔬菜"缤纷王国"创造者

——江苏昂和农业科技有限公司总经理卢杰

卢杰，男，1994年出生，现任江苏昂和农业科技有限公司总经理，曾获江苏省农村创业创新大赛优胜奖、江苏省创青春大赛三等奖、连云港市创业标兵、连云港市创业明星、连云港市十佳农产品网络销售达人、连云港市农村创业创新大赛银奖、连云港市创青春大赛一等奖、赣榆区最美电商之星等荣誉。

卢杰

卢杰是一名985高校毕业的大学生，也是一位返乡创业的新时代青年农民。2016年，国家出台《电子商务"十三五"发展规划》，提出电子商务促进县域经济行动。当卢杰了解到国家"电商扶贫"行动以及支持电子商务平台就业创业的政策信息后，他觉得是回到家乡创业的大好时机。说干就干，卢杰回到了他的家乡——连云港市赣榆区塔山镇土城村，流转土地种植特色蔬菜，并得到了当地政府的大力支持。他的创业基地里种着人

卢杰收获胡萝卜

们平常不太看到的蔬菜，有球茎茴香、条纹萝卜、羽衣甘蓝、火焰菜，还有7种颜色的胡萝卜……各种特色蔬菜，五彩缤纷，基地被前来参观的人称为蔬菜"缤纷王国"。这些特色蔬菜主要销往上海、南京、北京等大城市，年销售额达2000多万元。在逐梦小康的路上，卢杰将传统农业与高新科技有机结合，凭借特种蔬菜创业帮助自己和乡亲们走出一条特色致富路。

特种蔬菜种植的一个重要环节是育苗。卢杰试验培育各种特菜香料幼苗，摸索育苗经验。育苗期间，有的幼苗因为浇水多涝死了，有的因为浇水少干枯了，还有的因为温度控制不当出现了死苗。创业之初，他和创业伙伴一共建了3个大棚，第一茬培育的特色蔬菜幼苗成活了一半，品相也不好，卖"白菜价"都没人要，只能卖给加工厂。面对困难和挫折，他们并没有气馁。在第二茬选种时，他们做了充分考察，像对待孩子一样精心管理，看着蔬菜幼苗每天都在茁壮成长，他们心中感到无比欣慰。他们产出的蔬菜在上海市场崭露头角。第一批羽衣甘蓝进入市场的时候，不管是淘宝客户，还是酒店、批发商都对他们的产品非常满意。

幸福都是奋斗出来的，经过了差不多三年的试验摸索，卢杰在育苗领域也算小有成就。育苗的成功代表着品种选择的余地大，种植多样品种也就意味着能有更大的市场。就这样，他们的产品一步一步地由上海走向了全国，全国各地许多大酒店、加工厂纷纷和他们合作供货。

2017年，党的十九大提出"推动互联网、大数据、人工智能和实体经济深度融合"的新理念。在党的十九大号召下，2018年，他们的团队成立了科技公司，并在塔山镇选址建设特菜香料示范基地。特菜采用温室阳光大棚种植，采取现代化管理模式，做到科学种植。如今，基地面积也从当初的150亩发展到了500亩，逐步发展成为全国最大的特菜香料网络销售商。为了提高特菜的品牌效应，公司注册了"计斤城""塔山湖特菜""芃叶"等特菜品牌，把特菜香料品牌做得越来越响。

习近平总书记强调，"小康不小康，关键看老乡"。卢杰始终认为，如果他不能带动老乡致富，就算不上创业的成功。在公司步入正轨后，他想到了采用"公司＋电商＋基地＋农户"的模式带动村民一起致富。一开始很多老百姓都不了解也不信任他们，他就一家一家地做思想工作，保证老百姓种植特菜以后一定能有可观的收入。看到他的诚意后，附近20余户老百姓抱着试试看的态度参与种植特种蔬菜。在卢杰及其团队的精心指导和帮助下，种植特菜的那些农户当年每亩纯收入达到了2万元左右，比起常规的稻麦两季种植，收入高了好多。尝到了种植特菜的甜头，农户更坚定了跟随卢杰种植特菜的决心，附近越来越多的农户加入种植特菜的队伍。江苏雅仕农场有限公司（沙河农场）了解到卢杰公司种植特菜效益可观，也想种植一定面积的特菜。卢杰就亲自带领技术团队到雅仕农场进行指导。雅仕农场一年种植紫苏、羽衣甘蓝、球茎茴香、奶油生菜等特菜面积达100多亩。发展立潮头，富民敢为先，群众的信任和期盼就是他最大的动力源泉。他聘请专家对种植特菜的农户进行技术培训，由公司统一提供种苗，规范种植要求，统一收购包装销售，让农户没有后顾之忧。

公司已发展成集种苗、种植、初加工、线上线下销售、冷链仓储、生鲜配送等为一体的综合性农业公司，公司线上会员达到10万多人，线下合作商超30余家，带动周边群众创业增收30余户，其中贫困户家庭3户，提供就地就业岗位300余个，人均增收1万多元。公司先后获得省级巾帼电商示范基地、连云港市市级农业龙头企业、赣榆区优秀电商企业等。2021年5月23日，中央电视台新闻频道《今日中国》栏目聚焦江苏对卢杰的创业富民故事进行了报道。

蔬菜产品

　　卢杰注意到在提高农业质量效益和竞争力方面国家有好的政策支持，这让他对未来发展更加充满了信心，依靠科技支撑，继续深化直播电商销售、冷链仓储物流，把"缤纷王国"蔬菜产业做大做强。

跨界"菇王"

——江苏香如生物科技股份有限公司创始人徐相如

徐相如，江苏香如生物科技股份有限公司创始人、董事长。公司成立于2009年，目前已经发展成为国内规模最大的杏鲍菇工厂化生产企业，是中国食用菌协会副会长单位，于2016年8月30日在新三板挂牌上市。公司秉承"公平、规范、严谨、诚信、合作"的企业精神，树立"立足三农、回报社会、敢为人先、永争第一"的企业核心价值观。

2009年，徐相如从苏州回灌南老家探亲，很偶然的机会了解到家乡正积极发展食用菌产业。当时，灌南县把食用菌作为主导产业来抓，大力开展招商引资。回乡做产业一直是徐相如的梦想，他毅然决定回家乡建设杏鲍菇栽培工厂。江苏香如生物科技股份有限公司应运而生。创业之初千头万绪，本来对食用菌工厂化生产是一窍不通，硬是凭着一股不服输的精神，徐相如带领一帮年轻人，虚心学习，不懂就向专家请教。创业团队吃住在厂里，深入了解杏鲍菇的生长特性，硬是把自己逼成懂技术、爱思考、能创新的专业生产者。福建农林大学黄毅教授是国内食用菌工厂化种植引领

徐相如

江苏香如生物科技股份有限公司

者，多次到公司进行指导，看到一帮年轻人的成长和企业的进步，送给他们八个大字"与菇对话，其乐无穷"。后来中央电视台《科技苑》《致富经》等栏目就以这几个字为主题，对他们痴迷食用菌工厂化生产科技创新进行深度报道，在行业内引起很大反响。

经过十多年的努力，公司从起步之初的日产5000余包杏鲍菇的简陋小厂，发展到现在日产50多万包（300吨）杏鲍菇的现代化生产企业，约占国内生产份额的10%，年产值约4亿元。公司用工达到1200余人，每年支付工人工资超6000万元。食用菌生产是典型的循环经济发展模式，公司每年利用木屑、玉米芯等农副产品下脚料10余万吨，生产后的菌渣又作为优质有机肥，促进了当地葡萄、蔬菜农产品品质的提升。

公司还成立香如生物研发中心，建立了中国工程院李玉院士工作站，与中国农业科学院等科研院所建立长期产学研合作关系，积极参加农业农村部成立的国家食用菌良种攻关平台，与中国农业科学院农业资源与农业区划研究所共同承担国家植物新品种杏鲍菇菌种DUS测试课题，牵头制定了《袋栽杏鲍菇生产技术规程》国家行业团体标准，为国内杏鲍菇工厂化生产可持续发展起到了关键性作用。公司根据企业发展需要，每年开展研发课题60余项，从新品种筛选和培育、生产原料科学配方、生产工艺水平提升等方面进行试验示范。公司研发的杏鲍菇基料备料系统、高筐栽培模式、高筐培养与通风系统、品种选育、配方优化等前沿技术相继得到应用，取得了良好的经济效益。其中，杏鲍菇基料自动备料系统为国内首创。该系统将杏鲍菇所需主料、精料进行自动称量，自适用生产线分配全程电脑PLC控制，有效解决传统人工投料带来的人为因素误差、投料重量误差、工作环境恶劣等食用菌工厂普遍存在问题。采用高筐栽培模式替代传统袋栽工厂生产模式，解决了劳动密集型企业痛点，实现了制包、接种、培养的自动化与智能化，并在一定程度上保障了杏鲍菇生产工艺的统一、稳定和均衡性。公司通过不断摸索成功研发低投入、简单易操作的无污染液体菌种发酵技术，发酵设备减少投资50%以上，并将该技术无偿提供给灌南县其他食用菌企业，在周边地区得到大量应用。"一枝独秀不是春，百花齐放春满园。"目前，公司正在进一步加强菌株创制、配方筛选、工艺提升等方面的研究，将为灌南县食用菌产业健康可持续发展做出新的贡献。

公司先后获得国家高新技术企业、中国食用菌行业最具投资价值企业、中国工厂化食用菌十大品牌、省级农业产业化重点龙头企业、省级科技型农业企业、省级放心消费诚信品牌企业、省级守合同

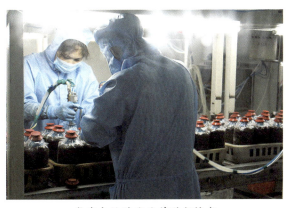

袋栽杏鲍菇液体菌种新技术

重信用企业、连云港市专精特新小巨人企业等荣誉。公司获得专利42项，其中发明专利3项。"杏鲍菇周年安全生产技术集成与推广"课题获得连云港市科技进步二等奖、"食用菌设施化安全高效栽培新技术及新装备研发与应用"获得淮海科学技术创新二等奖、"食用菌周年安全生产新技术研究与推广"获得江苏省农业丰收二等奖、"食用菌绿色高效商品化关键技术创新与集成应用"获得江苏省农业科学院科学技术二等奖。

企业在发展过程中，始终不忘社会责任，投入大量资金，确保企业污水零排放和所有产品剩余物实现环保综合再利用。严格按照绿色食品标准组织生产，力求为人民群众的"菜篮子"提供最优质安全的产品，公司在历次的产品抽检中保持合格率100%。公司"香意"牌杏鲍菇取得绿色食品证书和有机产品证书，被评为江苏省著名商标和江苏省名牌产品，获得第十届中国国际农产品交易会金奖、中国食用菌行业十大品牌等荣誉称号。

徐相如经过多年的实践总结发现，企业发展关键靠技术创新，而人才是创新的核心，留得住人才，企业才能持续发展。要想留得住人才，就要有吸引人才留下来的优厚条件。公司打破传统企业管理制度，只要员工有真本领，可以为企业创造价值，企业就会在技术上给他提供相应的研发创新条件，在岗位上为其提供明确的晋升途径，在生活上为其提供优越的物质保障。

徐相如跨界发展杏鲍菇产业，十年磨一剑，把企业做成全国杏鲍菇行业的领军企业，是名副其实的跨界"菇王"。

蔬菜高效轮作种植模式探路先锋

——灌云年旺果蔬种植专业合作社理事长万玉兵

万玉兵，连云港市灌云人，男，大专学历，灌云年旺果蔬种植专业合作社理事长。

2008年，他从部队转业回到家乡伊山镇，面临就业的艰难抉择。经过与家人商量，他决定在家乡伊山镇丁庄村，先期流转80亩土地进行大棚西瓜种植。经过近3年的实践摸索，他积累了大棚西瓜种植经验，因地制宜形成

万玉兵在驾驶农机

"大棚西瓜＋大白菜＋西葫芦"的三熟种植模式，立足早上市、提高中早期产量，获得了稳定的效益。

2014年，在取得初步成功之后，万玉兵思考着如何拓宽设施蔬菜产业发展之路。一是借助村土地流转调整之机，从周边种植户手里新流转土地200多亩，注册成立年旺果蔬种植专业合作社，又从镇里争取涉农资金，以叶菜基地建设为目标，扩建生产大棚，壮大蔬菜基地种植规模。二是推进基地种植机械化，购置了拖拉机、多功能旋耕机、果蔬施肥起垄铺膜打药播种一体机、水肥一体机等机具，灌排水系统全部实现自动化。增

智能温室育苗棚

加品种类型，优化种植组合模式，大面积种植西瓜、西葫芦、秋季与早春大白菜、四季小青菜等，提高大棚复种指数，实现一年四季均有产品上市。三是合作社积极加强基地产品质量体系建设，做好基地质量安全追溯管理，制订了《可追溯性管理制度》《信息发布管理制度》等规章、操作规程，多次组织基地从业人员外出学习，并在基地严格执行。四是积极借助灌云蔬菜科技综合示范基地这一平台，参与基地新品种、新技术、新设备等推广应用，组织基地技术人员培训，配备技术管理人员3名。2021年10月，在灌云省级现代农业产业示范园内建成8000平方米智能温室育苗棚，可实现年育蔬果种苗900万株，不仅满足了基地自身需要，还可以为周边种植户提供蔬菜育苗服务，带动种植户增产增收。

目前，灌云年旺果蔬种植专业合作社，自主经营420亩，从事设施果蔬种植、销售及产业社会化服务，建有办公用房160平方米、蔬菜

智能温室育苗棚

大棚580栋，购置众多农机。长期参与入社经营农户160余户，日上市蔬菜10多个品种，蔬菜销售季节日交易量达3万多公斤，年销售额2800多万元。合作社采取"合作社＋基地＋客户＋农民"的运行机制，充分带动周边农户发展壮大产业，尤其是带动周边村低收入农户就业创业。

经过多年的创业奋斗，万玉兵个人和合作社均获得了许多荣誉。2018年万玉兵获全县高效农业创业"先进个人"，2019年"玉兵西瓜"获得中国绿色食品发展中心绿色食品认证，2020年合作社基地被县委组织部命为三星级示范基地，2020年"玉兵蔬果"获得"蓝天碧水杯"第二届江苏"好西（甜）瓜"品鉴推介会好品牌金奖，2020年基地果蔬产品获评"江苏省优质农产品"。

获得荣誉

回顾年旺合作社多年的发展经历，主要经验有三条：一是坚持自己主导品种与种植模式，走规模化发展之路。大棚西瓜、西葫芦是基地主导品种，中间轮种大白菜、甘蓝等叶菜类品种，形成三熟制种植模式，每季每个品种规模在200亩以上，也便于找到买家市场。二是坚持生态优先、绿色发展的思路，增强质量品牌意识。基地积极推进产品认证和创优绿色品牌工作，统一实施标准化生产技术规程，建立生产、包装、储藏、加工、运输、销售、服务等记录制度，实现产品质量安全可追溯，在历次检查中都符合标准，产品远销上海、无锡、南京等大中城市，形成较稳定的供应链；积极组织参加省内相关农产品展销会、品鉴推介会、订货会等，打造具有灌云特色的西瓜、西葫芦、娃娃菜等蔬菜品牌产品，提高主要产品在市场上的知名度和美誉度。三是积极为合作社成员开展社会化服务，走联动发展之路。为合作社成员提供农资供应，种苗服务，产品销售，信息、技术、经营指导等一体化服务，主要生产资料采用统一购买、产品统一销售，开展盈余分配，按出资比例分配。同时加快与周边基地和种植大户联动发展的步伐，充分带动周边农户经济发展，尤其是带动周边村低收入农户就业创业，共同提高基地经济效益和社会效益。

第九章
淮安案例

- 情系家乡勇创业　特色种植带民富
- 凡有稼穑处　必有柴米河

情系家乡勇创业　特色种植带民富

——涟水县瑞丰农业科技发展有限公司总经理郑标

郑标在包装蔬菜

郑标，1972年出生，江苏省涟水县人，现任涟水县瑞丰农业科技发展有限公司总经理、涟水县红窑镇阿标蔬菜种植专业合作社理事长、涟水县芦笋协会理事长。返乡创业后，郑标在涟水县发展芦笋种植基地2000亩、鲜切花种植基地800亩，带动周边群众就业近600人，人均年收入2万余元，年带动农民增收1000余万元。2017年，他被授予江苏省乡土人才"三带新秀"称号，成为发展现代农业、促进农民致富的领头人。

1991年中学毕业后，郑标带着一腔创业热血来到浙江华德贸易公司。他不断进取，努力工作，在积累了丰富创业经验的同时，也对花草有了更加深刻的认识和深厚的情感。于是他决心操起琴弦谱一曲美妙的花草赞歌。花草创业，钱是硬门槛。1997年，他决定去南方创业，那里经济发达、交通便利，他深信在那里有广阔的市场前景。郑标首先在广东闽南县创办了江海鲜花专业合作社，五年后，他又扩大规模。2002年，正当而立之年的郑标雄心勃勃，创办了浙江省波三联江海鲜花专业合作社。创业期间，他时常利用休息时间，前往多家农庄进行实地考察，在深入调查的基础上，认真分析承包地的利弊得失，悉心研究花草的生长管理与销路。家人朋友劝他不如在工厂里上班拿工资稳妥，他坚定地说："风险肯定是有的，但风险与机遇并存，大丈夫要有置之死地而后生的气魄，如果只安于现状、裹足不前，社会怎能进步，还谈何发展？"他那种睿智、果决与坚定的态度压住了所有劝说他的人。办厂初期，举步维艰，他凭借坚忍不拔的毅力和总结多年的管理经验，推行"五不走""十不准""十对口"的管理模式，公司得以朝气蓬勃地发展。

今天的郑标已经今非昔比了，通过多年的摸爬滚打，他更加成熟稳重，具备了一个农民企业家的智慧与胆识。"我们每个人缺少的不是机会，而是在机会面前将自己重新归零的勇气。"他对爱人说："我们现在有了一定的原始积累，就应该开辟新天地，报效家乡。"

虽然他在浙江创办的公司有了很好的经济效益，有着广阔的发展前景，但家乡的建设总令郑标魂牵梦绕。通过调研，他于2012年带领几个老同学回到家乡涟水创办了涟水县瑞丰农业科技发展有限公司，并组建了江海鲜花种植专业合作社、涟水县红窑镇延寿芦笋种植专业合作社、涟水县红窑镇阿标蔬菜种植专业合作社，在县农业园区建设鲜切花生产基地600亩，种植菊花、百

涟水县芦笋种植基地

合、黄莺、剑兰、康乃馨等10余个品种，采用设施大棚种植技术来控制花卉光照时间、温度、湿度等，基本实现鲜花周年生产。基地生产的鲜切花主要出口韩国、日本等。在继续做好鲜花种植的基础上，他开辟新天地，大力发展蔬菜种植，在红窑镇搞好芦笋种植。为掌握先进的种植技术，郑标先后多次到浙江、山东等地学习，积极争取省、市、县相关技术部门的支持，在县农业园区发展芦笋种植基地2000余亩。通过发展芦笋设施栽培，芦笋提早上市，种植效益得到了显著提高；通过推广新品种和新技术，芦笋产量得到了提高；通过增施有机肥和推广病虫害绿色防控技术，芦笋产品质量得到了保障；通过市场开拓，产品销路得到了扩展，产品畅销南京、上海等大中城市。基地生产的芦笋产品获得了绿色食品证书。注册"春笋"商标，加大品牌宣传力度，有效提升了品牌的影响力，"春笋"商标获得淮安市知名商标称号。基地所产芦笋被列为2014年南京青年奥林匹克运动会指定产品。

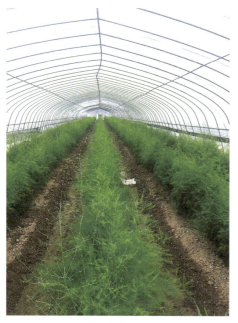
芦笋种植

带动群众共同致富，是他返乡创业的原动力。经过几年的发展，芦笋种植在当地起到了良好的带动效应，周围群众纷纷主动要求跟他学习种植技术。为了方便群众掌握芦笋种植技术，在农业部门的支持下，郑标办起了农民田间学校，开办了田间课堂，向群众普及科学种植和防治技术，现场示范讲解。近年来，在他的示范带动下，周围种植户的种植水平、管理水平逐步得到提高，种植收益也日趋稳定，延寿、五支、颜下庄等周边村及其他乡镇农户自行种植芦笋面积已达1000余亩，年增收1000余万元。为了解决芦笋的销售问题，他将分散生产种植的农户组织起来，整体进入市场参与竞争，与外地客商建立稳定的销售关系，签订直销协议，减少流通环节，降低流通费用，扩大利润空间，最大限度让利农户。同时为延长芦笋的产业链，他还成立了江苏枫香园食品有限公司，聘请江苏省农业科学院专家深度开发芦笋系列保健饮料，初步形成了"公司+基地+农户+物流"的经营模式，提升了农业产业化发展水平，形成了企业带动农民持续增收"互利双赢"的良好发展局面。

凡有稼穑处　必有柴米河

——淮安柴米河农业科技股份有限公司总经理王其传

王其传，1968年出生，蔬菜学博士，1992年参加工作，一直从事有机活性育苗基质、生物基质、生物肥、生物有机肥、有机肥、生物菌剂和农作物工厂化育苗技术研发、推广工作，先后荣获江苏省苏北创业领军人才

王其传在接受采访

奖、江苏省有突出贡献的中青年专家称号、江苏省乡土人才"三带"名人大师、淮安市五一劳动奖章等荣誉，当选淮安市人大代表。

2001年，王其传创立了淮安柴米河农业科技股份有限公司，开启了深耕绿色蔬菜发展、助力乡村振兴的征程。他创新多种秸秆综合利用新方式，为解决秸秆综合利用提供了坚强的科技支撑。他带领团队凭借敢为人先的创新精神，依靠产学研合作平台，通过多年的深入探索、潜心研究，利用秸秆、食用菌菌渣、纸厂下脚料、椰糠纤维等有机废弃物，采用生物发酵技术，将抗病微生物、丛枝菌根菌、木霉菌等引入基质有机肥生产，成功研制出抗病、抗线虫植物营养基质及生产方法，研发出木霉生态有机肥。他研发的蔬菜育苗和机插水稻基质育秧技术国内领先，中央电视台新闻联播节目曾作专题报道。他带领的企业在全国范围内成为基质行业翘

楚，有效推动了淮安市乃至江苏省现代蔬菜产业的发展。公司于2019年11月在"新三板"挂牌。

2022年，公司投资1.2亿元新建530亩的淮安柴米河博士教育农园项目，为全区蔬菜生产提供种苗服务，打造成淮安红椒抗病种苗工厂化生产中心、蔬菜等经济作物种子处理中心、设施蔬菜低碳生产技术示范中心及淮安红椒生长季节周年生产技术示范中心、无土栽培技术示范中心，进行园艺作物周年化栽培技术展示与推广、特色高效优良新品种示范和展示，开展现代园艺技术教育与培训、农业观光等。

淮安柴米河农业科技股份有限公司

柴米河公司利用秸秆、食用菌菌渣、纸厂下脚料、酒渣等有机废弃物，采用生物发酵技术，研制出"傻瓜型"蔬菜、水稻、草莓等系列育苗基质，年产基质10万～15万立方米，年培育高品质水稻秧苗100万～150万盘，蔬菜幼苗800万～1500万株，累计推广3000万亩次，带动农民5万多户，带动增收2.5亿元以上。

王其传及其团队与中国科学院、中国农业科学院、江苏省农业科学院、南京农业大学、扬州大学，以及捷克国家科学院等众多科研院所建立了长期稳定的科研合作关系。柴米河公司已经成为江苏省专精特新企业，建有江苏省国际技术转移平台、江苏省农业国际合作科技创新中心、江苏省固体废弃物资源化协同创新中心等多个国家级、省级农业科技创新和推广平台。王其传及其团队先后承担市级以上项目40余项，获得国家专利30项，获得教育部科技进步一等奖、全国商业科技进步一等奖、大北农

柴米河博士农园

科技奖、江苏省科技进步奖、江苏省科技推广奖等20多项殊荣。企业顺利通过 ISO 14001—2004 环境管理体系认证和 ISO 9001—2008 质量管理体系认证，OHSAS 18001：2007 职业健康安全管理体系认证。

多年来，王其传及其柴米河公司注重创新创造，致力绿色农业发展，服务"三农"，创造了诸多"第一""唯一"：柴米河公司是江苏省第一批产教融合型企业；中国唯一与欧洲合作建设的菌根技术产业化基地，中国·捷克菌根与环境生物技术研究中心落户公司；江苏省第一个与捷克在农业科技方面开展深度合作的公司；承担淮安市第一个中外合作农业技术研究项目；全国唯一生产木霉菌全元生物有机肥的企业；淮安市清江浦区第一家在"新三板"挂牌的农业企业；国内基质生产龙头企业，产品质量全国领先，销售覆盖全国20多个省份；"柴米河"牌系列基质获江苏省著名商标。

获得荣誉

习近平总书记指出，新时代是奋斗者的时代，只有奋斗的人生才称得上幸福的人生。王其传，就是这样一位奋斗者。凡有稼穑处，必有柴米河。

第十章
盐城案例

"盐东羊角椒"正开花结果

——盐城市亭湖区盐东镇特色产业发展之路

羊角椒色泽鲜红、光滑、细长、尖上带钩，因形似羊角而得名，具有皮薄、肉厚、油多、籽香、辛辣适中、营养丰富等特点，所含辣椒素和维生素C较其他地区同类产品稍高一筹。检测表明，羊角椒每100克椒干含维生素C185毫克，辣椒干可"绕指而不折"，加工出的辣椒酱可"多年不沉淀"，生产的红色素可"长久不褪色"。

羊角椒加工成的辣椒酱

自20世纪80年代起，盐城市亭湖区盐东镇由农民自发引入羊角椒并广泛种植。经几十年的发展，羊角椒逐步发展成为亭湖区农业结构调整、农业种植模式创新、农民增收的主要作物，是当地的特色主导产业。特别是近十多年，在本地经纪济人、种植大户和合作社的带领下，产业规模逐步形成，产业链逐步延伸。目前，本地注册有羊角椒专业合作社有60余家，其中上规模的知名羊角椒合作社10余家，最高峰时收购量达10万吨；规模羊角椒加工企业5家，粗加工能力达5万吨，精加工能力达3万吨。盐东镇羊角椒种植收购加工产业链已经形成并积累了一定的基础。2020年"盐东羊角椒"获国家农产品地理标志认证。

目前,"盐东羊角椒"已形成"育苗—大田种植—田间管理—收获—加工"全产业链条,建立了镇村户三级管理体系、环境保护管理体系、生产管理体系、投入品管理体系、技术服务体系、监督管理体

羊角椒收获

系、产业化融合发展体系"七大体系",全力推动羊角椒生产区域保护化、种植基地化、管理标准化。盐东镇已建成1个4000平方米的羊角椒"三新技术"展示培训示范中心,200亩的智慧型无土育苗种苗繁供服务中心,2万亩的产业生产核心区,1个加工贸易集中区,1个产业发展研究院。

2020年底,"盐东羊角椒"获国家农产品地理标志认证后,为持续放大和保护"盐东羊角椒"地理标志品牌效应,亭湖区盐东镇明确了羊角椒、湖羊"两羊"主导产业定位,充分利用报刊、电视、网络、广播等多平台全方位宣传"盐东羊角椒",多次参加省市展销、推介会等。以"交流、融合、创新、共赢"为主题的"2021首届中国辣椒产业创新发展大会"在亭湖成功举办,有2名院士、40多名高校科研机构的专家、70多家

"2021首届中国辣椒产业创新发展大会"在亭湖举办

业界知名企业参加了本届大会，中央电视台、江苏广播电视总台等多家主流媒体竞相报道，极大地增强了盐东羊角椒产业的影响力。

　　江苏省现代农业（蔬菜）产业技术体系盐城基地团队自2019年起，依托江苏省农业科学院蔬菜研究所王述彬团队，先后引进羊角椒种质资源40余份，开展适应性栽培、病虫草害防治、辣椒转色调节等先期试验、示范工作，与盐城市亭湖区现代农业产业示范园建立科技服务关系，应季举行现场观摩、技术培训，对接种植、加工大户。从种质资源保护、标准制定、品牌建设、质量控制、品质保持、生产指导等各方面参与其中，为"盐东羊角椒"添砖加瓦。

农户在采摘羊角椒

　　重点围绕"盐东羊角椒"国家农产品地理标志认证，深挖"盐东羊角椒"历史文化内涵，加强地理标志产品标准化生产基地建设和市场营销，着力把公用品牌转化为推动现代农业发展的生产力；依托以羊角椒为主导的特色蔬菜产业，打造华东地区有影响力的羊角椒产业示范基地，切实维护品牌形象，提升品牌价值，构建国内领先的地理标志品牌建设与使用体系。预期通过羊角椒智慧型无土育苗工厂和2000亩羊角椒大田标准化生产基地，辐射带动周边农户3500户以上，人均增收1500元以上，组建10万吨产能的羊角椒收贮经纪人队伍和3万吨羊角椒深加工生产线，培训种植户500人次以上，羊角椒等特色蔬菜总产值达4.4亿元。

打造"中国第一笋"

——江苏大地禾农业科技有限公司

　　在盐城市建湖县上冈镇徐庄村，有一家很有影响力的芦笋种植专业公司，它就是江苏大地禾农业科技有限公司。该公司流转了20551亩土地，其中种植芦笋600亩。芦笋属于一次栽培多年受益的经济作物，一次种植可以受益15年以上，平均亩产可达3000斤左右，收入约为水稻的8倍。公司建立了盐城市芦笋标准化种植及深加工工程技术研究中心，先后获得盐城市农产品质量安全诚信企业、江苏省农业电子商务示范单位、省级巾帼现代农业科技示范基地、江苏省民营科技企业、农业产业化省级龙头企业、上海市外蔬菜主供应基地、中国蔬菜流通协会食品安全示范基地等荣

大地禾绿芦笋种植基地

誉称号。2020年公司实现芦笋销售额1213万元、利润404万元，2021年实现芦笋销售额1348万元、利润449万元。

公司坚持以芦笋为主打产业，围绕市场需求，打造"龙头带基地、基地连农户"的生产体系，逐步扩大基地生产规模，做强企业品牌，延伸产业链条。公司先后与北京市农林科学院、扬州大学、南京农业大学建立产学研合作关系，并作为技术合作依托单位，推广绿色生态种植技术，采用叶劲松教授研发的芦笋一代种子京绿芦1号、京紫芦2号、京绿芦3号，并先后引进翡翠明珠和金冠等系列品种。基地全部施用有机肥，进行土壤改良，优化水源，从源头把控芦笋的品质；从育种、制种、育苗、定植、温控、水肥一体化、采收等方面全程管控，建立芦笋基地可视化全覆盖远程监控系统，把控从田间到餐桌的风险，实现种植过程全程追溯，保证芦笋品质。同时，公司与北京市农林科学院共同研发出苏芦1号F1代芦笋种子，填补了江苏芦笋品种的空白，标志着公司已掌握芦笋核心技术，在同行业中居领先水平。"大地禾"芦笋被农业农村部农产品质量安全中心认定为无公害农产品，被南京国环有机认证中心认定为有机食品；"美加鲜"芦笋被中国绿色产品发展中心认定为绿色食品。

公司多措并举强化品牌创建意识，扎实做好品牌创建工作。一是与北京市农林科学院、扬州大学、盐城电视台、盐城小牛电商、盐城鹤鸣亭股份有限公司、盐阜大众报社、淘宝等单位合作，芦笋生鲜产品陆续进驻盐城大润发超市、盐城驿都金陵大酒店、盐城悦达国际大酒店、盐城明城锦江大酒店、华东农产品批发市场、上海江桥蔬菜批发市场。二是先后参加江苏建湖名特优农产品（上海）推荐会、盐城名特优农产品（上海）推荐会、全国新农民创新创业博览会、江苏现代农业科技创新大会、首届芦笋大健康亚洲论坛大会、国家农产品质量安全"百安县"和全国百家经销企业"双百"对接会等活动，"大地禾"系列农产品频

专家指导芦笋种植

频亮相上海、北京各大展会，同时公司也是盐城市农副产品协会会长单位。

公司牵头成立了建湖县康美源芦笋种植专业合作社等农民专业合作社，并由合作社牵头，吸纳种植大户参加，建立"公司+基地+农户"的"五统一保"（即统一供种、统一肥料、统一购药、统一技术、统一销售，按市场保护价收购）产业化经营机制，实行订单种植销售，切实保障农户利益。邀请科技人员对合作社成员和基地农户进行技术指导，引导农民调整种植结构，发展高效种植模式，提高种植水平。通过合作社，分散经营的农户组成专业合作联合体，增强抵御市场风险的能力。2020年公司辐射带动农户50户，2021年辐射带动农户63户，助推建湖县现代农业产业结构调整，辐射带领全县农民共同创富增收。

随着2021年新修订的《食品安全法》的实施，各级政府对食品安全监管越来越规范严格，种植和加工企业在食品安全方面肩负的责任更重。为保障食品安全、提高生产经营水平、促进产业增效、促进农户增收齐头并

165

进，公司建立"公司＋基地＋农户"的现代经营模式。充分发挥企业农产品检测中心、可追溯中心、可视化远程监控系统等优势条件，引导周边农户按照"五统一保"要求进行标准化种植。由公司统一指导和管理，按市场价收购，引导农户调整产业结构，增加农户增收致富途径。公司芦笋种植面积在现有600亩的基础上，预计3～5年扩大至2000亩，并且在深加工上进行补强，研发生产芦笋饮料、芦笋汁等绿色环保产品，加大与台湾津津食品股份公司的对接"力度"，在不断巩固国内市场份额的同时，逐步走出去，对芦笋清园中产生的茎秆和残枝通过生物技术发酵处理成有机肥后返还于田，最大限度使产品得到循环利用。

大地禾农业科技有限公司致力于将芦笋打造成建湖县的现代农业特色产业，建设消费者放心的食品安全生产基地，打造"中国第一笋"。

架起农产品走俏市场的金桥

——盐城大丰富裕蔬菜专业合作社吴建业

吴建业

吴建业，男，1985年出生，盐城大丰富裕蔬菜专业合作社经纪人，2014年返乡创业，2017年创办农民专业合作社——盐城大丰富裕蔬菜专业合作社，以助农销售为主，涉及大蒜（青蒜、蒜薹、蒜头）、小葱、海南瓜、冬瓜、西瓜、甘蓝、花菜等农产品，全年销售额1000万元左右。吴建业当选大丰区人大代表，获得大丰区十佳农民经纪人、大丰电视台《最美农业人》栏目专题人物等荣誉，他所在的合作社获中国农产品流通经纪人协会会员单位、企业信用AAA级单位。

说起吴建业，周边的人给他的评价是靠谱、优秀、热情。成为一名农民经纪人，也是偶然的机会，缘于2014年的一次经历。2014年夏天，从外地回家探亲，吴建业看到父亲为农产品销售困难而发愁、心急如焚，他便想帮助父亲和乡亲们排忧解难。经过一番思想斗争，当时只有29岁的他出于对家乡的眷恋，放弃了在外地企业高薪的工作，毅然回乡做起了农民经纪人。虽然他是农村长大的孩子，但在外工作多年早已脱离了农村，此时再返乡涉足这个完全陌生的领域，需要极大的勇气，关键是一切都要从头

167

学起。

为了让家乡农产品搭上销售"顺风车",回乡第二年,吴建业便创办了富裕蔬菜专业合作社。从此,他下田头、进大棚,与村民打成一片,虚心求教,刻苦钻研。在田间地头沉淀了七八年后,他对蔬菜种植头头是道,俨然一个农业"土专家"。在他的苦心经营下,合作社规模越做越大,目前社员发展至230多个,年销售额突破1000万元,直接或间接带动超2000户农户增收致富,本地农产品成功打入江浙沪等地农贸市场、大型商超和电商平台。

小番茄种植连栋大棚

回顾整个创业过程,用吴建业自己的话来说就是"吃尽苦头、满是坎坷",或许其中的困难与艰辛只有他自己更能体会。他曾多次坚定地表示从未后悔过,因为当初就是想为建设家乡出力、帮助父老乡亲脱贫致富,他才做出回乡创业的决定的。如今全国都在大力实施乡村振兴战略,促进城乡共同富裕,这也让他对家乡的未来更加充满信心。

都说做农业的要有情怀,这在吴建业身上得到了充分印证。平日里他经常走在田间地头和农民打成一片,利用自己掌握的知识和资源帮助他们解决销售过程中的一些实际问题,比如如何将初级农产品进行等级分拣、清洗加工,如何减少包装过程中的损耗,如何提高农产品附加值等。而解决这些实际问题的方案,既要符合当前的市场需求,也要符合农民群众提高收入的愿望。他帮助农民真正做到了增产与增效同步。一提起吴建业，周边农民群众的言谈中充满了夸耀："有他在咱们村，农产品就不愁销路""他是咱们村的人大代表，是咱们村的骄傲""他这么多年一直帮助我们卖农产品，挺靠谱的小伙子"……金杯银杯不如群众的口碑，这一切无不诠释着他对家乡的贡献。

基地鸟瞰图

面向未来，作为一名区级人大代表，他满脸骄傲地说："当初这么多家乡父老信任我，一票票把我投上去，首先是对我这些年工作的认可，其次也是对我的鼓励和鞭策，这份荣誉的背后承载着大家对我的殷切期望，在未来的工作中我一定加倍努力，为建设家乡贡献青春智慧和力量。"

打造现代农业精致盆景

——东台市国贸绿色农业发展有限公司

东台市国贸绿色农业发展有限公司（国贸农庄）是江苏现代农业（蔬菜）产业技术体系东台推广示范基地的核心示范区，成立于2015年5月，位于安丰镇联合

国贸农庄

村，占地面积1000亩，是集绿色种植、立体养殖、休闲观光于一体的绿色现代园区。

国贸农庄分为A、B、C三大板块。A区为设施蔬菜种植、休闲观光区，B区为绿色果园和生态立体家禽养殖区，C区为瓜菜-水稻轮作区。2018年国贸农庄被评定为国家三星级休闲农业与乡村旅游景区，同年被评为盐城市最具魅力休闲农业景点。国贸农庄四季有果，时令蔬菜品种多样，小菜园、蔬菜采摘已成为农庄招牌，每年吸引大量周边大中城市游客前来观赏、采摘。

国贸农庄致力于绿色优质高效农业发展理念，采取绿色生产模式，应用穴盘基质培育壮苗、配方施肥、水肥一体化、栽培环境调控、病虫害绿色防控等生产技术，是多个农业院校技术试验示范基地、省级高素质农民

培育实训基地。农庄逐步建成农产品检测中心、净菜加工、分拣、仓储物联、冷库、休闲垂钓中心和观光采摘园。现有8个果蔬品种获得绿色农产品称号，成了老百姓青睐的放心农产品。2016年国贸农庄被评为盐城市现代农业园区，2017年被评为省级农产品质量安全追溯管理示范单位，2020年被评为盐城市级三星级现代农业产业示范园、江苏最美绿色食品企业，2021年被评为江苏味美菜园、省级高素质农民培育实训基地。

获得荣誉

协力联合村共走振兴路。农庄通过土地流转落户联合村，近年来，吸纳村富余劳动力60多人就业，其中低收入农户6人，解决了村富余劳动力的就业增收问题。通过示范引领，带动周边农户规模种植2000多亩，每年增加村集体经济收入10多万元，实现了农民增收入、集体增积累、农庄增效益的目标，走出了一条村企共建乡村振兴之路。

着力蔬菜全产业链发展。在紧抓生产、大力发展绿色优质农业的基础上，依托国贸集团旗下各大超市、社区国贸小店、酒店餐饮，农庄蔬菜生产实现了"田头采摘-净菜加工-仓储-运输-上市"的全产业链发展，确保新鲜优质蔬菜第一时间上市销售，提高经济效益。

国贸农庄区位优势明显、发展定位明确、践行绿色发展、打造蔬菜品牌、发挥试验示范作用，对其他蔬菜基地创建有着样板式的作用。国贸农庄北枕352省道、新长铁路，东邻盐通高铁，西傍通榆河，从国贸农庄至

G15沈海高速入口只需5
分钟路程，距南通、盐
城两个机场分别为1小
时车程。交通便利，蔬
菜等农产品流通运输便
捷。农庄所在地为安丰
镇，作为安丰镇现代农
业发展的重要展示窗口，

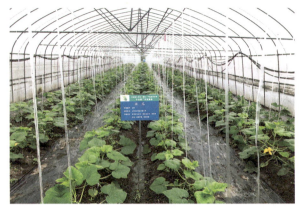

大棚蔬菜种植

立足于东台城郊的地理位置，在发展休闲观光农业方面具有得天独厚的优
势。农庄通过合理构建和划分功能区，进一步促进各板块共同发展，相辅
相成，成为一二三产业融合发展的典型，是东台市最具代表性的农旅融合
园区。

农庄采取绿色发展模式，试验示范瓜–菜、菜–粮等高效种植模式，
打造育苗–种植–净菜加工–分拣–仓储–运输的蔬菜生产全产业链。实行
绿色食品果蔬种植基地生产管理制度，加强农业投入品安全管理，统一采
购、统一管理，实行农产品质量安全可追溯，建立产品检测中心，制订农
庄农产品质量安全抽样检测计划，定期进行检测、记载。

在实行绿色发展的基础上，国贸农庄坚持品牌化发展方向，"国贸农庄
西蓝花""国贸农庄贝贝南瓜""国贸农庄西瓜"等已成为农庄发展的亮眼
名片，"国贸农庄西蓝花"被认定为绿色食品，农庄蔬菜产业得到进一步
提升，品牌化发展深化了农庄绿色发展理念。国贸农庄内大棚、滴灌等生
产设施配备齐全，沟渠路涵等配套完备，是新品种、新技术、新模式的重
要试验示范基地。农庄通过高素质农民实训、技术培训观摩等方式，充分
发挥示范作用。

做强大棚蔬果产业　带领群众共同致富

——阜宁县富阳蔬果专业合作社负责人夏楚清

　　夏楚清，盐城市阜宁县富阳蔬果专业合作社负责人，2018年任中共新沟镇委员会委员，获新沟镇人民政府认定的"明星企业家"。合作社成立于2014年10月，主要从事蔬菜瓜果种植与技术推广及蔬果新品种的试验示范。2015年，合作社基地通过江苏省蔬菜标准园认证，2016年获得盐城市"亭蜜杯"西甜瓜争霸赛金奖，2017年获得盐城"金沙湖杯"西甜瓜争霸赛"瓜王"称号，2019年获得"三仓润农杯"江苏"好西（甜）瓜"品鉴推介会特等奖。

　　合作社始终坚持"科学环保种植，绿色健康保障"的理念，先后安排专人到南京农业大学、山东寿光、江苏泰州等地参观学习，安排合作社专业人士接受培训，学习科技兴农先进技术，先后引进大棚全覆盖、喷灌施肥洒水、水肥一体化、真菌灭虫等技术，极大地提高了瓜果蔬菜的品质。在栽培技术上，采用蔬菜标准化栽培措施，绿色栽培生产设施，喷灌、滴灌、太阳能诱虫灯、黄板、防虫网等设施；基地设立产地质量速检室，对生产的蔬菜质量实行全程质量控制，确保蔬菜产品全部达到绿色食品标准。合作社种植的西瓜、辣椒、叶菜等果蔬产品不仅能满足市内各县镇经销商的需求，并且成功与上海接轨，2019年成为上海市农产品中心批发市场经营管理公司蔬菜主供应基地。

　　近年来，随着政府农业结构调整，县委、县政府政策扶持力度不断加大，设施蔬菜种植前景大好。同时，随着市场需求的不断增加，原有生产规模已经远远不能满足市场需求。2017年，合作社在各级政府的大力支持和帮助下，由原来的300多亩扩建到目前的800多亩高架连栋全自动化大棚，建成具备全自动加温、除湿、通风、遮阴功能的现代化程度高、科技含量领先的温室大棚蔬菜种植基地，可以应对不同的天气环境，保证每一颗蔬菜瓜果的质量，年产蔬果量达到1600多吨，其中西甜瓜1000吨、辣椒250吨、叶菜300多吨、其他50吨，年产值达1200万元。合作社进一步服务本县及周边市县的市场需求，促进区域现代农业发展。

合作社充分带动周边农户致富，与新南村、南湾村党总支合作，按照"支部＋合作社＋农户"的运营模式，吸纳当地群众直接参与生产。常年吸纳农民工80多人，高峰期用工多达150人，全年用工量达1.55万人次，当地农民务工收入增加100多万元，带动多户建档立卡低收入农户通过从事高效农业生产脱贫致富。下一步，合作社将继续引进新品种，开展新的种植技术研究，进行种植试验示范，让更多的人参与其中，实现合作社全体成员奔小康。

全国有千千万万个年轻人在农村这片广袤天地，通过不懈努力，实现自身价值、带动周围群众、助力乡村振兴。我们要响应国家和政府的号召，振兴农业、振兴农村。我们会不忘初心，为国家、为社会贡献自己的绵薄之力。

返乡创业当菜农

——阜宁县春盛农业科技有限公司负责人王乃军

王乃军，盐城市阜宁县新沟镇大楼村人，2017年返乡创业，搭建大棚发展蔬菜种植，成立阜宁县春盛农业科技有限公司。

大楼村村民有多年种植番茄的习惯，但都是利用家前屋后的零散地块种植，规模不大、技术不新、产量不高。2016年，一场龙卷风打破了村民原有的生活规律，住房集中安置，土地重新平整。在外打工多年的王乃军了解到家乡近几年农业结构调整力度很大，尤其在设施蔬菜方面发展很快，效益很好。"回家搞大棚蔬菜是不是很好的时机？"一是有传统的种植蔬菜经验，二是有政策支持，三是可以与家人在一起。王乃军同家人商量，说出了自己的想法，得到家人的支持，遂决定回家流转土地发展大棚蔬菜。

王乃军根据自身情况，考虑到虽然见过大棚蔬菜，也有所了解，但自己种植还是头一次，不能盲目发展，资金、技术、销售都必须落实好。在家人的支持下，王乃军决定从当地种植技术成熟的西瓜、辣椒做起，先建设50亩左右的大棚，跟随经验丰富的种植户学习技术、积累经验，等技术熟练掌握再发展壮大规模。一家人一起上阵，齐心合力。王乃军和妻子主要负责生产，儿子和儿媳主要负责销售。经过两年的努力，虽然有困难和挫折，但经过总结和整改，都成了经验积累，由刚开始的手忙脚乱，到现在的得心应手，收入也由第一年的亏损，到现在的扭亏为赢。

为了更好地发展，寻求省工降本、优质绿色生产技术，王乃军先后到山东、江苏泰州等地参观学习。通过学习，基地安装运用了水肥一体化、黄板诱虫等技术措施，加强了精细化管理，降低了肥药的用量，提高了瓜果蔬菜品质。基地产品获得了绿色产品认证，2018年获得盐城"梦幻迷宫杯"西甜瓜争霸赛"瓜王"称号，2019年获得"三仓润农杯"江苏"好西（甜）瓜"品鉴推介会特等奖。

　　谈到今后的发展，王乃军一家信心满满，他们已积累了一定的经验，生产、销售都不成问题，虽然现在50亩地已有20万元左右的年收入，但这不是他们的初衷，必须扩大大棚面积，带动乡亲们一起发展，谋求更高的收益。

智慧创造人生

——响水县永俊家庭农场农场主陈永俊

陈永俊在包装果蔬

陈永俊，女，中共党员，盐城响水人，她从小就立志做一名新时代的农民。她身上始终有一股吃苦耐劳、永不服输的创业精神，敢闯敢干大胆创业。通过她的不懈努力，在党的富民政策鼓舞下，她立足当前实际，成功实现了自己农业致富的梦想。

2012年，陈永俊结束了先后在上海、常熟从事餐饮管理的工作，回到自己的家乡响水流转了300亩地从事西瓜、西蓝花的种植生产工作。第一年，由于农艺知识不够，管理不到位，出现了亏损。经过反复思考，她认为科学是第一生产力，为此她先后去浙江、山东等地参观学习，并上网查找资料，还向县农委、蔬菜站等单位的专家领导学习，快速提高自己的专业知识。2013年，响水县政府大力号召发展设施农业。西瓜、西蓝花等正是适合当地土质与气候的主要经济作物，这极大地增强了陈永俊的信心。她在总结失败经验的基础上，采取科学方法种田，一心扑在田间

陈永俊（左二）在种植西蓝花

管理上，终于迎来了丰收。

西蓝花分拣入库

　　几年来，陈永俊的蔬果种植面积已由当初的300亩发展到900亩，搭起了大棚，自己开始育苗。为解决西瓜与西蓝花的销售问题，她先后与浙江、山东、天津等地的客户合作，形成了稳定的销售渠道。为保证产品品质，她使用价格较贵的进口有机肥，同时在农残控制上采取"以防代治"的方法，尽量少用农药或使用价格高、农残少的药物，这是她做人的底线，也是做事的风格，产品品质最终得到了客户的认可。多年来，她在增收致富的道路上带头发展农业，致富不忘乡邻，每年基地用工都在百人左右。她从不拖欠乡邻一分钱，作为一名共产党员积极带头贯彻党的精神，践行党员义务，帮助乡邻共同致富。

　　2022年，响水西蓝花种植面积已有10万亩左右。陈永俊正在努力学习洋葱的种植与管理，首批计划种植60亩，采取多品种经营的发展模式，齐头并进，用双手和智慧创造人生价值。

扎根乡野的"西蓝花能手"

——响水县万洋农副产品有限公司董事长陈济刚

陈济刚

陈济刚，男，1976年出生，中共党员、响水县六套中心社区农民，是当地远近闻名的"西蓝花能手"。

中学毕业后，陈济刚一直在苏州、无锡等地从事园林绿化工程等的建设工作。2008年8月，他深感农业生产和农产品销售市场前景广阔，大有可为，于是不顾家人反对，从无锡回到家乡响水牵头成立了响水县昌盛蔬菜专业合作社，在响水县南河镇兴南村流转了500亩土地开始果蔬种植，从一个从未种过地的人变成拥有几百亩土地的新农民。刚开始他以基地种植为主，并通过合作社将新鲜果蔬直接销售出去。2013年底西蓝花价格下跌，这使他深感没有农产品深加工，不仅价格、效益上不来，而且由于其不易贮存和保鲜，受市场的影响价格波动太大，种植同样的果蔬，仅仅是上市时间相差几天，效益差距却非常明显。2014年，他在江苏省响水现代农业示范园内投资1500万元兴建了万洋农副产品有限公司。公司占地面积30亩，其中建筑面积1万平方米，自有3条蔬菜速冻生产线、3吨速冻库及1.2万立方米冷藏保鲜库，现已发展成为集优质果蔬种植、冷藏、保鲜速冻、加工、物流、销售、进出口贸易为一体的农业龙头企业。

万洋公司生产基地

市场和品质是产业和行业能否健康发展的决定性因素，农产品市场也不例外。陈济刚坚持"外拓市场、内抓品质"的经营和增收思路理念。一方面，他非常注重市场开拓工作，先后与苏州（台湾）祯祥食品有限公司、山东青果食品有限公司、浙江临海东翼农产品有限公司签订种植订单、销售协议，将产品主要销往国内外大中城市。另一方面，他通过农业物联网等现代科技手段，大力抓好农产品品质建设，利用二维码和RFID无线射频技术，对农产品从生长到销售各环节的质量安全数据及时采集上传，为消费者提供及时的农产品质量安全追溯查询服务。消费者可以通过手机扫描贴于蔬菜包装的二维码，了解该蔬菜的详细质量安全信息。

在经营方式上，陈济刚主要通过响水县昌盛蔬菜专业合作社和万洋农副产品有限公司，采取"合作社＋基地＋农户"的经营方式来带动农户致富。首先，他通过建立自有生产基地进行生产技术示范，让其他种植户放心种植；其次，他通过订单的方式锁定其他种植大户、合作社、家庭农场，使他们成为大订单的生产基地；再次，他依据订单要求，为种植户提供生产资料统购统供、病虫害统一防治、农产品质量统一检测等，从源头抓起，控制果蔬品质；最后，他根据订单将农户的果蔬产品按合同约定的价格收购，保证农户种植收益，解决农民卖菜难、价格低以及传统保鲜能力不足的问题。在他的示范带动下，响水县2016年秋季西蓝花种植面积发展到2.2万亩，仅他所在的南河镇就发展西蓝花种植1.2万亩。到西蓝花上市时，因产品质量好，平均价格在3.2元/斤以上，剔除成本后每亩净收益4000元以上，远远高于稻麦两季收益。

万洋公司收购加工

2017年3月，陈济刚作为主要发起人成立了响水县西蓝花产业协会，并当选为首任会长。目前协会已组织西蓝花新品种引进试验、不同栽培模式探索及生产技术规程制定等工作。2017年5月，万洋农副产品有限公司与美国博德克公司签订了西蓝花长期供应和销售合同。2022年响水县西蓝花种植面积10万亩，产值达10亿元，有力地带动了当地农民增收致富。

苦学创业本领　致富不忘乡亲

——响水县李氏家庭农场农场主李章科

　　李章科，男，1971年10月出生，初中文化，响水县南河镇头甲村人。2016年春他回乡创业，流转土地210亩，注册响水县李氏家庭农场，主要从事西瓜、毛豆、西蓝花等蔬菜生产。

　　李章科原先在苏南地区

李章科（右一）在接受媒体采访

打工，虽然也积累了一部分资金，但由于经济下行，工厂经营不景气，打工的收入已经没有以前好了。2015年春节，他回到家乡过年，觉得家乡的变化非常大，不仅江苏响水现代农业产业园在南河镇落地开花，园区内各种基础设施配套较好，而且当地群众通过发展早春设施西瓜、秋辣椒等也有很多人发家致富。原来邻近加庆村的老支部书记以及一些熟悉的朋友都在家乡发展高效农业，而且效益远远超过在外打工。深思熟虑后，他认为随着年龄增长，打工肯定不是长久之计，也没有什么前途。趁着自己还年轻，而且家乡高效农业发展势头迅猛，回家创业说不定也能搞出一片新天地。春节过完后，他毅然离开了繁华的大都市，携妻子回到家乡创业。

　　李章科要在家乡创业的消息传开后，许多好心人都来劝阻：你一出校门就在外面打工，地一天都没有种过，你会种地啊？我们祖祖辈辈种地，你看有谁发财了？搞农业向来是靠天吃饭，老天不开眼，一切都白忙！

乡亲们的话提醒了李章科，他认定一定要全面掌握科学种田技术。虽说自己以前也种过地，但与现代职业农民相比还相差很远。为此，李章科加强学习，买来大量的种植技术书籍。初学不容易弄懂，他就两遍三遍地学，反复地读，边读边做笔记；向有经验的农户学习，积极请教县、镇技术人员，不放过县、镇组织的各种培训活动；赴外地考察学习，跑市场，了解各地市场行情。通过学习和深入了解，他觉得发展农业，特别是发展现代农业，不仅要有技术，更要懂市场。2016年他兴办起响水县李氏家庭农场，投入自己多年的积蓄和贷款共80余万元，在南河镇现代农业示范园流转400亩土地，主要种植西蓝花、大棚西瓜和毛豆等时兴农产品。2016年种植西蓝花260亩，当年获利30余万元。2022年种植毛豆、西瓜400亩，西瓜亩均效益7000元以上，毛豆田间长势喜人。

李章科种田尝到了甜头，他常说："我的致富是乡亲们帮助的，我要带领乡亲们一起致富"。他把从书本和实践中学到的经验，手把手地教给周边的人，两年来同村共有20多人从他那学到了实用的种植技术，有16人搞起了蔬菜种植，成为本村的种植大户。

2017年早瓜上市，价格一路高走。李章科和大部分瓜农心想，又是一个丰收年。可是由于南方天气原因，晚瓜价格下滑，出现令人揪心的市场滞销现象。看着田里即将过熟的西瓜和瓜农们一双双焦急的眼神，李章科心急如焚、夜不能寐。

蔬菜生产基地

西瓜销售

他对其他瓜农说："信息是等不来的，我们不能再坐在家里死等了，必须走出去，主动出击。只有把西瓜卖出去才能把钱赚回来！"他一面托人在网上发布西瓜销售信息，一面带领农户南下上海、浙江等地找市场，觅商机。几经周折，本地滞销在田的6000余吨西瓜终于全部销售出去。

李章科非常关注低收入户和弱势群体，他的家庭农场常年吸纳当地低收入户劳动力50余人，教他们种植、管理等相关方面技术，为他们提供资金、技术支持，带领他们发家致富。在他的帮助下，2016年11户农户实现了脱贫，走上了致富的道路。2019年他还作为主要发起人成立了响水县西蓝花产业协会，并担任首届副会长，他的愿望是和家乡的父老乡亲一起，把西蓝花产业做大做强，抱团发展，共同致富。

高效农业之路的"霸王花"

——盐城皓然现代农业发展有限公司总经理孙静

孙静在观察蔬菜长势

孙静，女，大专学历，山东青岛人，盐城皓然现代农业发展有限公司总经理。她不畏艰难险阻，不断努力学习拼搏，积极带领当地群众发展高效农业共同致富。她创办的育苗中心，一年为响水县现代农业园区90多个农户的3000多亩设施蔬菜种植基地提供优质种苗3000多万株，指导南河园区43个农户设施蔬菜的种植和销售，每年吸纳当地富余劳动力近200人，全年发放雇工工资80余万元，让流转土地的农民年均增加1.3万元的纯收入。面对不断更新发展的种植品种和技术，她自费到浙江、山东一带学习，还通过互联网给自己"加油"。她义务向农民传授自己所学经验，从不计较个人得失。

2011年，孙静辞去国企会计工作，转战自主创业之路。2013年正是响水县委组织开展农业科技推广、在南河镇成立设施农业示范带的主要时期，当时农民对设施农业认识不足，大多存在胆怯心理，没有人敢出头承包。孙静却毫无畏惧地率先承包土地建设钢架大棚100亩，投资金额达75万元。在自己不断努力付出和县农委及镇农业服务中心的帮助下，第一年西瓜和西蓝花不仅高产、高品质，而且上市后市场火爆，取得了喜人的成绩。孙静在当地也开始小有名气，周围的农户纷纷前来交流学习，她耐心地一一解答，慢慢转变了农民种地挣钱少的旧观念。

为了解决当地足不出户的农民果蔬销售难题，孙静连夜带样品开车到寿光物流园、北京新发地批发市场寻找销售渠道，联系到客商后马不停蹄地回来组织农户销售。因为心急加上经常熬夜，身体得不到休息，孙静曾几次累倒，但她心中始终惦记着帮助农户销售农产品的事儿，有时嗓子哑得话都说不出来，却仍然坚持带纸笔与客商、农户交流工作。为了解决农户种植西瓜遇到的连作障碍减产、绝收问题，孙静独自跑到安徽、山东学习多种嫁接方法，暗下决心要搞好嫁接育苗，解决农户的种植难题。2014年8月，孙静毅然决定贷款投资275万元成立盐城皓然现代农业发展有限公司，建设832型连体大棚30亩，把她所学的嫁接技术毫无保留地教给当地农民。育苗场就这样红红火火地搞了起来，当年就接到周边种植户160万株西瓜嫁接苗的订单。过春节是大家团聚享乐的时光，而孙静全家老少却是在育苗场奔忙中度过。如今公司有农艺师2名、助理农艺师3名、育苗技术工人26名，每年可牢靠地提供嫁接苗300万株、西甜瓜自根苗400万株、蔬菜苗800万株，为响水县大量种植户解决了种苗难买和种植技术

无人指导的两大难题。孙静还自发出去参加互联网培训，学会利用网络推广，吸引到很多江苏、浙江、上海、山东、北京、湖南等地的客户。

为了能在庞大的市

孙静（右一）在指导农户种植

孙静（左一）向专家请教栽培技术

场中长久拥有自己的一席之地，降低农业市场风险，解决农产品市场竞争力弱、价格低、销售难的问题，孙静毅然决定走高端市场，创专属品牌。她注册了"舒然"牌商标，拿到了无公害农产品的认证。2017年她与所有合作的农户实行订单种植，技术跟踪服务指导，确保自己销售的农产品执行标准化生产，让产品质量稳定，实现品牌化和农残可追溯，让物联网进入田间，让设施农业提高单位效益，抵御市场风险。当地农户对她的这种创新之举心服首肯。盐城皓然现代农业发展有限公司被响水县评定为新型职业农民实习基地。孙静先后被盐城市农委评为十佳青年新型职业农民、盐城市创业好青年、盐城市十大杰出青年，被响水县农委、县组织部等多家单位联合评为"响水好青年"，获得县涉农产业创业扶贫大赛一等奖等荣誉。响水网、新响水等县内外媒体对此多次进行了专题报道。

跟随孙静工作的职工和农民群众纷纷赞扬说："孙总是走在现代高效农业路上的排头兵，闯劲、干劲比男人还牛，是带领我们发家致富的'霸王花'！"

扎根响水 带出一条富民路

——响水旭泰现代农业有限公司总经理叶恩君

叶恩君，男，1979年出生，中共党员，浙江温岭人，高中文化，之前一直从事酒店经营业务，2012年来到响水开始发展高效农业，从最初的300亩地发展到现在的900多亩，成为当地及周边地区创新发展、发家致富的典范。

叶恩君

为实现儿时的梦想，叶恩君放弃了在浙江优越的生活条件，独身一人来到陌生的响水，在响水县陈家港镇中兴居委会承包300亩土地，开始从事设施大棚西瓜生产。不入行不知苦，自从土地承包合同签订的那一天开始，叶恩君不分白天黑夜，就像铆足了劲的发条一样，不知疲倦地一直在基地忙碌，从大棚设施材料的购买、棚体搭建、育苗、移栽定植再到后期的田间管理，每一个生产环节他都是亲自操作。作为一个门外汉，叶恩君是边学边干，每到生产的关键环节，他都会请教县、镇农技人员或是当地以及浙江老家生产经验丰富的农户，或是通过网络等现代技术手段进行学习。他付出的精力和承受的劳动强度比他原本设想的要强上百倍、千倍，但他从不向家人或别人诉苦。他深知这是他自己选择的路,再苦再累也要走下去,而且要走出一条比别人更精彩的阳关大道。

通过不断的摸索和学习,叶恩君在生产模式上,开了当地西瓜生产的先河。当时本地西瓜生产通常只采收一茬,只有极少数农户偶尔采收二茬瓜,但是叶恩君生产的设施西瓜可以采收4～5茬,这样极大地提高了种植效益。在刚来响水的第二年,即2013年仅西瓜一季就实现了亩均纯收入1.3万元。在西瓜的配茬模式上,他发现按照本地的"早春西瓜–秋辣椒"模式,辣椒价格行情很不稳定,而且受对方市场控制的因素较多。通过市场调研,他发现秋季西蓝花行情较好,便发展了"早春西瓜–秋西蓝花"模式。该模式至今还在全县推广应用,而且经济效益一直很好。针对西蓝花不耐贮藏的问题,叶恩君在2017年投资550万元,建设3000立方米的冷库,在提升自己配套设施的同时也为周边农户提供了蔬菜采后冷藏保鲜服务。

叶恩君在做好现有基地的基础上,不断扩大规模,提升产品品质。他经营的所有基地全部采用标准化生产,实行品牌化销售。2017年,他注册成立拥有自主出口权的响水县旭泰现代农业有限公司,发展400亩供应马来西亚、韩国等国外市场的西蓝花出口基地。

叶恩君在不断提升自己种植水平的同时,不忘将自己所掌握的本领传授给其他农户,从不保留。当地张秀

育苗基地

海、纪学祥等很多经验丰富的农户都很乐意与他打交道，称和他在一起能够学到知识。六套永俊家庭农场农场主陈永俊经常提起他，感谢恩师叶恩君教会她很多种植技术。

西蓝花生产基地

　　叶恩君还是一个热心为他人着想的人。他发现当地有好多农户的蔬菜生产出来以后，销路是个大难题。他思前想后，想帮农户解决这一难题，便不辞辛苦、想方设法、托亲拜友，最终在上海市江桥农产品批发市场设立了专门摊位。只要是当地农户种植的符合标准的蔬菜他全部收购，解决了群众蔬菜生产的一大难题。

　　2016年他还牵头成立了响水县思源果蔬种植合作社，带领59位社员抱团发展，共同致富。合作社的成立使每位社员年均增收2万元以上。叶恩君吃苦耐劳的精神以及他创新敬业、热心助人的精神，在当地及周边地区蔬菜种植户中无人不知、无人不晓。只要提起他，每个人都会竖起大拇指。

工厂化果蔬种苗繁育的先行者

——盐城中农国业农业科技股份有限公司董事长陈大军

陈大军

陈大军，男，1976年出生，江苏省射阳县人，大专学历，高级农艺师、高级乡村振兴技艺师，江苏省现代农业（蔬菜）产业技术体系亭湖基地负责人，现任盐城中农国业农业科技股份有限公司法人、董事长，射阳县政协常委，先后被评为射阳县劳动模范、最美射阳人、全市十佳新型农民、江苏好青年，获得江苏省双创青年提名奖。

20世纪90年代，陈大军从学校毕业后，放弃了薪资待遇很好的工作，毅然回到家乡跟随父母从事大棚蔬菜种植，这一干就是十多年。在长期的蔬菜种植过程中，他发现传统的种植模式上升空间有限，迫切需要探索出大棚蔬菜种植的新出路。

通过在多家育苗企业的工作、学习，陈大军掌握了先进的生产技术、积累了一定的管理经验。最初的梦想促使他毅然放弃优厚的薪资待遇，拒绝了企业的挽留，回到家乡射阳进行创业，将传统农业朝着工业化、规模化、现代化的方向推进，让一粒粒种子生根发芽，产生更大的效益，为地方经济发展贡献自己的一份力量。

　　陈大军通过对市场充分调研和考察后发现，我国是蔬菜生产和消费大国，蔬菜播种面积和产量均居世界第一，蔬菜在种植业中的地位仅次于粮食，种植蔬菜已经成为增加农户经济收入的重要途径，在新农村建设中具有重要作用。而射阳县也是个农业大县，蔬菜种植面积达15万亩，果蔬种植有着广阔的市场。最终他确定成立工厂化果蔬种苗繁育中心，为广大种植户提供优质的果蔬种苗新品种、新技术。

陈大军在操作智能水肥一体化灌溉施肥机

　　2009年，他开始和荷兰第二大种业公司瑞克斯旺建立种苗合作关系，成立盐城瑞克斯旺育苗公司，建立120亩蔬菜种苗育苗中心，引进和推广优质蔬菜新品种。仅这一年，他就引进、推广了20多个新品种，推广面积达5000多亩。

　　为了更好地为广大种植户服务，2011年，公司又投入600多万元，在射阳县凤凰现代农业园合德镇凤凰"菜篮子"蔬菜基地新建苏式日光温室10栋，用于各种蔬菜种苗的示范、推广。依托"全国农村创业创新园区""省级智能园区"两块金字招牌，陈大军探索实施"公司＋合作社＋基地"三位一体联动模式，全面实行"四季育苗"，成功带动周边2万亩大棚种植，当年就实现销售收入300多万元。

　　马云曾说过："人总是要有梦想的，万一实现了呢！"陈大军就是一个有梦想的人。他不断加大设施投入，引进科技人才，以为种植户提供优质的种苗和先进的技术为己任。常年与荷兰、以色列、美国等国家知名种肥企业以及江苏省农业科学院、南京农业大学、盐城市蔬菜技术指导站等国内高校、科研院所进行合作，为种苗、肥料、农机新产品、新技术的研发提供技术支撑。

为使公司进一步发展壮大，2016年通过盐城瑞克斯旺育苗公司股改成立盐城中农国业农业科技股份有限公司，注册资金2000万元，成为专注优质高档蔬菜种子选育、进口

陈大军在查看蔬菜育苗情况

品种试验示范、新技术研发推广及新型农业机械设备使用的集研发、生产、销售为一体的高科技农业企业，于同年11月18日在上海股权托管交易中心成功挂牌。

公司先后引进、选育果蔬新品800余种，成功开发推广蔬菜新品100多个，每年销售各类复合肥、有机肥、冲施肥等各种肥料新品10个以上。

几年来，通过不断试验与实践，公司成功研发推广了无土栽培、嫁接栽培、水肥一体化等10多个栽培技术，受到省市农业部门的肯定，这也保障了公司的产品、技术始终领跑全国同行业，满足了广大种植户和市场的需求。

通过不断地发展，目前公司年可培育各类果蔬种苗4000万株左右，产品销往江苏、安徽、浙江、山东等省份，可供5万亩蔬菜基地用苗，辐射带动江苏20万亩蔬菜基地标准化建设。

陈大军坚信，科学就是生产力。在目前市场情况下必须走特色农业现代化道路，发展高端农业、设施农业和资源节约型农业，农业现代化、科技化是发展的必然趋势。

在各级政府部门的关心和扶持下，陈大军新建了2000平方米的集现代农业设施研发中心、水肥一体化研发中心、智能物联网研发中心、鱼菜共

生系统研发中心、阳台蔬菜种植设备研发中心、电商中心为一体的综合办公楼，在种苗选育、智能设施装备研发上争取更大的突破。

为加快推进现代农业高质量发展，提高农业综合竞争力和劳动生产率，结合大棚种植生产的现状，陈大军在广泛调研的基础上，新建了智能水肥一体化灌溉施肥机生产车间。为了满足广大种植户对施肥机的不同需求，他不断地研发、试验，对水肥一体化自动灌溉系统进行了多次改造和升级，形成了体积小、操作简单、使用方便、功能强大的一系列产品，成功开发了物联网远程控制系统App，实现了对施肥机远程监控，在手机或PC端对施肥机的pH、EC值、用水量、用肥量进行调节，利用空气温湿度、土壤温湿度、光辐射量来实现施肥机的自动供液。这大大降低了农业生产的用工成本和肥料用量，有效地解决了过去人工施肥存在的浇灌不均匀、植物不能立即吸收、水肥流失等情况。该施肥机具有投资小、见效快、使用周期长、节水、节肥、省人工等特点，方便肥料喷洒，提高作物产量，增加农民的投入产出比，深得用户好评。

近几年，随着互联网的兴起，陈大军嗅到了"互联网+"给企业带来的商机，公司开发了官方网站、注册了微信公众号，创建"一粒种子"电商平台，让"一粒种子"在展示、实验、比对中开花结果，在展示中带动农民增收。这些平台为广大种植户提供政策咨询、发布创业信息、开展技术培训、提供专家

陈大军（右一）调试水肥一体机远程控制系统

服务指导、农资品牌推广等服务，引导种植户通过互联网了解行业动态、新知识、新技术，进行网上销售等，并在线上多次对广大种植户进行培训，带动周边多地发展优质新品种3万多亩。

陈大军在自身发展的同时，也为社会增加了就业岗位，长期在公司上班的农民、下岗职工有60多人，每年季节用工近2000人次，解决了他们失业的问题，增加了收入，也为政府缓解了就业压力。

他还积极带动周边农民一起致富，通过低价销售、暂借或无偿的方式向他们提供蔬菜种苗、肥料，并为他们提供技术培训和市场信息等专业化服务，帮助他们增收。辐射带动附近市县农民数百户从事大棚种植，人均增收2万多元，真正实现了带头致富和带动致富的"双赢"。

经过不懈的努力与奋斗，公司先后获得国家高新技术企业、国家星创天地、江苏省民营科技企业、江苏省农业科技型企业、江苏省科普教育基地、盐城市设施农业工程技术研究中心、农业产业化市级龙头企业等荣誉称号。

人间万事出艰辛，历尽天华成此景。陈大军用智慧和汗水构筑出萌动的梦想和希望的创业家园，用炽烈的激情绽放出"一粒种子"独特的魅力，用创新的画笔描绘出绚丽的未来。在他的带领下，出现"凤还巢"创业、大学生创业、留守人员创业的"井喷"效应。一幅创业带动就业、创新引领创业的画卷已徐徐铺开。真正实现了"中农国业，助力中国农业"的核心价值观。

第十一章
扬州案例

- 带头增收当典型　服务农民做头雁
- 扬州"菜篮子"安全忠诚卫士
- 蔬菜保供"女状元"

带头增收当典型　服务农民做头雁

——扬州市江都区绿园蔬菜产销有限公司创办人景东波

景东波出生于1951年，是扬州市江都区绿园蔬菜产销有限公司总经理、扬州市小纪绿园蔬菜专业合作社理事长，先后荣获江苏省供销合作社劳动模范、江苏省乡土人才"三带新秀"、扬州市油菜种植状元、江苏省

景东波在观察果树长势

绿色生态产业发展杰出领军人物等称号。《江都日报》2013年以《春色满棚绿满园》为题、2015年以《我区蔬菜直通车首次开进社区》为题，报道了绿园蔬菜基地先进的产销做法与景东波的先进事迹；同时，还以《在全省飞防会现场感受防治病虫害的现代气息——小纪农民租飞机喷农药》为题，报道了基地采用无人机喷防蔬果害虫，速度快、效果好的内容，形成技术示范，科普惠农影响深远。

二十年前，景东波从江都区小纪镇原宗村乡供销社副主任兼农资供应站站长的岗位走上了个人创业之路。在供销社改制的大背景下，他于2007年带领5名下岗工人及2名大学生创办了扬州市江都区绿园蔬菜产销有限公司，开启了创业生涯。

创业初期一切从零开始，刚开始对于做什么，景东波还是一头雾水。

后来他想到在供销系统工作期间，曾负责过蘑菇、番茄、安豆、毛豆等产销工作，于是在2000年承包了100亩地开始种植蔬菜。从承包土地、搭建大棚、新建生产用房到购置农具，为了节约成本，他都亲力亲为。景东波凭着自己的一股闯劲和韧劲，顶着巨大的压力，每天早出晚归，耕耘在田间地头。经过辛勤劳动和科学种植，终于有了收获。

在种植过程中，他发现种植单一的蔬菜产品不仅产量不高，而且也不利于市场销售。为了卖出好价格，他从单一的蔬菜品种，逐步拓展到水果，引进了新品种梨、桃、葡萄、草莓等。在技术上，他大力推广有机产品生产技术，实行标准化生产、品牌化运作，线上、线下同步销售，增强农产品市场竞争力和影响力。公司注册了"天碧春"商标，先后获得扬州市知名商标、扬州市名牌产品、江苏省名牌农产品等称号，公司被评为扬州市级农业龙头企业。公司规模不断扩大，从当初的100多亩到现在的1500亩。

为了保障老百姓"菜篮子"安全，提高农产品质量安全水平，景东波与相关超市、市场及种植户签订了农产品质量安全合同责任书，建立起田

扬州市小纪绿园蔬菜专业合作社

间生产记录档案，从播种、施肥、生长到采摘，都有详细记录，一旦出现问题，可源头追溯。在生产过程中，推广黄板诱蚜、太阳能杀虫灯、套袋生产、果树林下种植蔬菜技术；在果树冬眠期间种植大葱或大蒜，每亩能增收利润近2000元；夏天利用葡萄叶遮阴种植小青菜，能够提高产量，比常规生产增产10%，而且叶色好、新鲜，该技术不需要遮光材料，节约了生产成本。另外，毛豆育苗移栽技术申请专利成功，蔬果水肥一体化节水滴灌技术等增加了经济效益和社会效益。

2012年，公司投资20多万元建立农产品检测室，与江苏省农产品质量安全追溯平台对接，把生产记录、检测数据上传，实施产地准出管理制度，产品可追溯二维码。2015年，公司投资200多万元建成400吨蔬果冷藏保鲜库，提高产品质量和销售价值。2016年，公司新建500平方米智能阳光板温室大棚，提升园区设施档次。

2011年12月27日，中央电视台《新闻联播》专题报道了景东波创业富民的事迹。在采访中，景东波高兴地向央视记者介绍，这一年他的大棚每亩收入能过万元，是过去的5～6倍。在自己富了的同时景东波不忘乡亲们，凭着要富一起富的创业梦想，影响和带动附近几个村上百户农民加入绿园公司。

景东波（左一）接受媒体采访

二十年来，为了增加公司成员收入，景东波一方面，组织成员学技术、用技术，提高种植果蔬水平，提高农产品质量；另一方面，他成立小分队，带头跑市场、参加展会、拓宽销售渠道，让公司农产品不愁卖、卖出好价钱。目前，公司年均销售订单蔬果200万斤以上，网上销售农产品30多万元。公司正由传统农业向现代农业发展，并带动了500多户农户。

在景东波的鼓励下，公司成员邹顺韵学种西蓝花等有机蔬菜，现在已发展到100多亩。"今年，风调雨顺，西蓝花大丰收，上半年西蓝花0.5元一朵没人要，下年半就涨到3元一朵。只要产量达到1800斤／亩，就不会亏本了，比普通蔬菜划算。"经过几年的摸索实践，邹顺韵俨然成为"土专家"。全扣英一家种植葡萄60亩，在景东波的支持帮助下，7年来，他家葡萄越种越好。葡萄园提供游园拍照、采摘鲜果、自酿葡萄酒等业务，每年纯收入达到18万元。

如今，公司在原有传统农业的基础上，将新扩的200亩有机蔬果园发展成集蔬果采摘、垂钓、农家乐为一体的生态旅游、休闲农业，借助水乡旅游优势，使公司形象得到进一步提升。

扬州"菜篮子"安全忠诚卫士

——扬州市江都区润禾果蔬专业合作社

2013年，江苏宏信超市连锁股份有限公司投资建设扬州市江都区润禾果蔬专业合作社，承担起"菜篮子"安全的重要责任，把农村的新鲜农产品带到城市。

合作社位于省级现代农业产业园吴桥镇，蔬菜种植核心基地300亩，拥有7米钢架大棚320余座，10米双层保温钢架大棚106座，蔬菜收购中心400平方米，冷库80立方米，蔬菜检测室、"两网一灌"等生产设施及沟渠路等基础设施完善。合作社秉承组织规模化、生产标准化、管理规范化、监管常态化，确保蔬菜优质、生态、安全，为丰富市民的"菜篮子"、提供放心菜保驾护航。

蔬菜基地俯瞰图

合作社依托吴桥蔬菜园区联合周边合作社、种植大户，大力推进蔬菜标准化生产，依托江苏宏信超市连锁股份有限公司400多家超市门店，直营直销，从产供销等环节不断提升蔬菜全产业链条的建设，走出了"企业投入＋标准生产＋产地直营"的特色产业富民之路。

作为江苏省农业"三新"工程示范基地，合作社在生产上主推绿色防控技术，通过杀虫灯、黄色诱虫板、生物农药等系列措施，农药、化肥使用量零增长。在农业投入品管理上，

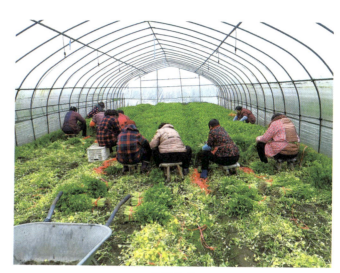

芹菜收获

统一采购，专人保管，建立购领用存台账。在生产环节上，制定各种品种的生产技术规程和产品分级标准，开展生产记录，按标管理。在质量把关上，自建蔬菜质量检测室，严格执行"先检测、后采摘、再上市"的产地准出原则，应用二维码技术，使顾客能够通过终端扫码对产品进行溯源。合作社先后获评江苏省"创牌立信"先进单位、江苏省园艺作物标准园、国家农产品质量安全县创建的现场教学点、扬州市高效设施农业机械化示范园。

合作社注重标准化生产。一是加强基地建设。近年来，合作社改造提升老旧棚室200亩，改建10米大棚40亩，改造水肥一体化设施300亩，购置直播机、植保机、起垄机等新型农机装备，基本实现设施蔬菜生产主要环节采用机械化作业。二是集成推广新技术。合作社依托园区现代设施和

技术力量，积极运用先进的农业科技成果和技术措施，结合生产实际，不断集成水肥一体化灌溉、绿色防控、设施蔬菜减肥增效等高效优质生产技术，通过订单农业提升合作企业、种植户的科学种植水平，通过培训、展示等方式，加大新技术、新模式的辐射推广力度，整体推进园区蔬菜基地的标准化生产。三是建立农产品质量保障体系。为从源头上保障蔬菜质量安全，公司投资建设了蔬菜质量检测室，配备了残留农药测定仪、追溯码打印机等设备，对上市蔬菜开展自检，实现"代证上网、代码上线、代标上市"，形成从田间到市场、从生产到销售的可追溯管理。四是完善农产品预处理。合作社建有田头预冷处理点1处、分拣分级中心400平方米，配有完善的冷链物流体系，确保市民"菜篮子"装满最新鲜最优质的蔬果产品。五是提供农机服务。合作社拥有农机设备9台，耕整地机械化水平达到90%，节水灌溉机械化达80%。在此基础上，不断总结服务经验，完善技术装备，培养专业农机手，积极向周边基地、农户提供农机、植保等社会化服务，推动面上蔬菜生产标准化水平提升。

合作社立足苏中地区农村市场，借助区域龙头、自有蔬菜基地优势，极力促进"农超"对接，形成了"线上＋线下"相结合的直营直销模式。

蔬菜打包

一是线下直销。合作社每天将自有基地、源头采购、农户收购的食材集中处理分拣，冷链配送至400家宏信龙超市门店。二是打造"龙会易购"电商平台。2020年，宏信龙全力打造电商系统"龙会易购"，将宏信龙超市搬到线上。线上超市以门店为基础，以网站为依托，推行"线上订货、线下取货、服务到家"的新型购物方式。

合作社不断创新蔬菜种植思路，打破传统的销售模式，采取"科技带动、市场推动"的模式，积极引进新品种、新技术、新设备、新理念。一是创新种植思路。合作社结合超市门店反馈的市场需求，搭配种植新品种和消费者喜爱的老品种，丰富了消费者的"菜篮子"，提高了基地经济效益。不断更新基地设备，提高科技含量，提高作业效率，减少用工成本。二是创新销售模式。在传统销售的基础上，公司探索创新了农超对接、"线上下单、门店取货"等新销售思路，构建稳定的产销链条，维护产供销平衡。三是扩大品牌影响力。合作社、种植农户严格把控生产环节，公司严格把控流通、销售环节，做到每一份蔬菜优质鲜美；通过线上线下联动，公司统一采购，减少第三流通环节等，给客户带来更划算的价格。现宏信龙超市有近400家门店，遍布扬州市的各县市区，深受消费者的喜爱和信赖。

作为省级现代农业产业园区唯一的省级农业龙头企业，公司不忘肩负的社会责任和企业义务，多措并举，带动周边种植户共同发展。一是输出新品种、新技术。不断向周边企业、合作社、种植大户示范推广市场欢迎度高的新品种和高效优质生产技术，提供农机化服务，全力推进蔬菜规模化、标准化生产。二是建立利益联结机制。一方面，合作社通过订单销售的方式与周边蔬菜基地建立紧密联结机制，以高于市场收购价的标准收购优质蔬菜，利用宏信龙超市"线上＋线下"联动优势，助其拓宽销售渠道、减少种植风险，增加销售收入；另一方面，公司通过面向周边村庄招聘技术工人、长期农工、季节性短工等方式，每年吸纳周边农村闲散劳动力40余人，大大增加了周边农民的收入。三是促进现代农业可持续发展。

通过推行有机肥替代化肥、使用生物可降解农膜等措施，改善土壤生态环境；遵循国家绿色食品用药标准，严格把控安全间隔期；通过引进水肥一体化技术等资源节约、环境友好的生产技术，减少能源消耗和资源浪费，实现精准管理，促进基地现代农业的可持续发展。

"企业投入＋标准生产＋产地直营"模式通过标准化生产，实现亩均蔬菜产量3000公斤，增产20%。与20家种植户建立合作关系，通过"线上＋线下"联动销售，带动增收1500元／亩。通过吸纳农村闲散劳动力，带动农民增收1.8万元／年。该模式确保蔬菜产业安全保供。一是保障了蔬菜供应。蔬菜基地根据天气情况，结合市场需求，合理搭配品种、安排茬口，实现了蔬菜周年供应，年均供应蔬菜5100吨；适当扩种各类常规速生蔬菜，科学调控在田蔬菜上市时间，确保了蔬菜超市供应不断档。2020年初，蔬菜基地受疫情影响出现用工难、销售难等问题，公司及时开展用工核酸检测、办理运输车辆通行证，通过开通"不见面配送"服务，解决了蔬菜销售难的问题，切实保障了城区居民的生活需求。二是实现了生产安全。强化自有基地和合作基地农药、化肥等农业投入品的使用安全，确保生产过程无一例违禁产品、劣质产品的使用；加大对生产、上市蔬菜的质量检测，2020年基地共打印19457张质量可追溯条码，快速检测蔬菜样品2407批次，合格率为100%。

江都区润禾果蔬专业合作社为扬州地区蔬菜保供做出了巨大贡献，是保障地方"菜篮子"安全的忠诚卫士。

蔬菜保供"女状元"

——扬州市江都区庆丰蔬果农产品种植家庭农场张霞

张霞,女,1980年生,是扬州市江都区庆丰蔬果农产品种植家庭农场负责人。她已有18年蔬菜种植经验,现在经营的家庭农场蔬菜种植面积有1000亩。她先后被评为扬州市农业创业女状元、扬州市江都区技术能手、江都区龙川工匠,她的农场被评为省级示范家庭农场、省级巾帼现代农业科技示范基地、江苏省(江都)现代农业(蔬菜)科技综合示范基地示范点。

张霞经营的家庭农场所在的小纪农业园是省级"菜篮子"保供基地。2013年,农场加入"菜篮子"保供大军,每年供应蔬菜1200吨、水果700吨,张霞成为蔬菜保供"女状元"。蔬菜保供,保质保量是第一位,要种市场"放心菜"。为了保证农场蔬菜质量,张霞投资15万元,建立农产品检测室,对上市前的蔬果产品进行检测。在农场内,智能连栋大棚、黄板诱蚜、太阳能杀虫灯等科技元素到处可见。农场投入200万元建立蔬果冷藏保鲜库,最大限度保证蔬菜口感、质量;注册"天碧春"商标,推广自己的蔬果品牌。在办公室里,一本本荣誉证书、一枚枚奖牌,见证了张霞的一个个"高光"时刻。目前农场40多个蔬菜品种为绿色蔬菜,其中西蓝花、西蓝薹、白花菜、小青菜4个品种为有机蔬菜,梨、西瓜获省市金奖。

2021年台风"烟花"来临前,张霞积极组织工人冒雨采摘,每天供应丝瓜、毛豆、青椒等蔬菜五六千斤,丰富了扬州市"菜篮子"。台风暴雨过后,张霞第一时间忙着伏菜上市。走进农场,一畦畦长势喜人的韭菜、木耳菜、鸡毛菜，青绿透亮、鲜嫩欲滴。张霞说，2020年疫情和2021年元月的极寒天气是对蔬菜保供的最大考验。2020年疫情防控期间，基地根据园区要求，每天只上市小青菜5000斤，延长蔬菜供应期，其余的就留在地里生长，30万斤青菜一直长到起薹、开花，最后直接深翻到田里，变成绿肥。

保供一盘棋。极寒天气，青菜七八元一斤，但基地不能一哄而上，张霞听从安排，组织有序上市。后来青菜价格掉到两元多，基地一来一去损失了10多万元，然而她没有后悔。

张霞本来是学财务专业，种蔬菜是半路出家。当收起花裙子，扎起大波浪，穿上工作服，拿起小铲锹，由花枝招展变得灰头土脸，她从未后悔。张霞的公公种了一辈子蔬菜，吃尽辛苦，也没赚到大钱，因此，张霞就想到要种科技菜。张霞先后参加省、市、区高素质农民培训班，通过努力，她很快掌握了多种蔬菜栽培管理技术，把自己的蔬菜基地建成新品种、新技术、新模式、新机械的"四新"试验田，成为一个示范基地、展示窗口。

她引进西蓝花、番茄等新品种十多个，尝试在果树林下种植蔬菜，利用果树冬眠期种植大葱或大蒜技术，每亩能增收利润近2000元。夏天利用葡萄叶遮阴种植小青菜，比常规生产增产10%；在葡萄、梨种植中，推广应用套袋技术、水肥一体化节水滴灌技术等。

乐做农民增收"好帮手"。张霞种菜种出"名堂"，在她的带动下，几年来周边有140名村民一起种菜，共同致富，基地还吸纳就业人数200多人。

第十二章
镇江案例

● 走产业融合致富路

走产业融合致富路

——句容市润民食用菌专业合作社社长郁宝锋

郁宝锋

郁宝锋，毕业于江苏农林职业技术学院，现为句容市润民食用菌专业合作社社长。句容市润民食用菌专业合作社成立于2012年，现有成员111人，总资产585万元，总生产面积300余亩。2016年合作社被评为江苏省省级示范社，2017年获江苏省首届休闲农业创意设计大赛银奖，2020年获江苏省农业科技奖三等奖。2021年，合作社统一销售实现经营收入650万元，净利润100万元，并将当年所得利润全部分红。

大学毕业后，郁宝锋开启创业之路，摆地摊销售食用菌。在销售过程中，他发现句容没有食用菌专营店，于是萌生出开设一家专门销售食用菌店面的想法。2010年10月，在句容市蓉江农贸市场鼓励和帮助下，他顺利地开办了句容首家菌菇专卖店。2011年5月，他继续投资扩大店面，增加了一间门面和一个台面，并一下子成为该市场最大店面，成为市场的一个亮点。后来利用不断积累的资金和母校的创业扶持基金，他又在句容西门菜市场和东门菜市场分别开了食用菌专卖店。

2012年初，食用菌市场整体不景气，郁宝锋的食用菌专卖店也遇到了不小的危机，最大的不足是缺少一支稳定的生产团队提供有竞争力的产品。于是，郁宝锋决定关掉两家专卖店，把资金集中起来筹备食用菌专业合作社，实现生产销售一体化。经过半年的筹备，2012年6月，郁宝锋联合句容本地食用菌栽培农户成立食用菌专业合作社，并在句容华阳镇吉里村建设自己的食用菌示范基地。合作社成立后跟农户达成协议，帮助农户进行引进新技术，包销特定推广菌类，帮助农户解决销售难题。

为打破长期以来句容食用菌产业以传统的香菇、平菇应季生产为主的格局，摆脱种植品种单一、栽培技术落后、菌菇上市集中导致菇贱伤农的困局，郁宝锋带领合作社研究制订了一套"科研院所＋公司＋合作社＋农户"的发展模式。该模式充分发挥产学研合作优势，引进新品种、新技术，解决菇农技术难、销售难的问题。他带领社员走标准化生产、产业化运营之路，实现增产增收。目前，合作社是江苏现代农业（蔬菜）产业技术体系句容推广示范基地示范点和江苏农林职业技术学院大学生创业实践基地，成为句容市食用菌种植规模最大的合作社，同时提供了很多就业岗位，充分发挥了产学研合作优势，推动食用菌产业在句容快速发展。合作社依托江苏农林职业技术学院、江苏食用菌研究所等相关科研院所，为长远发展提供技术支撑。

通过几年发展，合作社形成了自主研发团队，服务对象也从镇江本地种植户拓展到南京、连云港、南通、贵州等全国多地种植户。合作社对本地合作社成员无偿提供技术成果，

郁宝锋收获食用菌

而对外地用户则适当收取技术服务费。通过这种模式，合作社在本地的种植品种越来越丰富，除了传统的香菇、平菇品种外，还有猴头菇、赤松茸、灵芝、秀珍菇、蝉花虫草等十余种。合作社推广特制纳米新材料在姬菇和猴头菇生产中的应用，大大提高了综合经济效益。在对食用菌工厂化栽培菌渣进行循环利用的过程中，合作社探索出多种现代化栽培模式，比如立体层架式栽培、葡萄大棚套种栽培、智能化栽培等新模式。近几年，合作社通过栽培品种多元化，结合栽培技术和模式多样化，实现了大棚食用菌品种在本地的全年供应，农户生产积极性日益高涨。农户与合作社之间的合作关系也变得更加紧密，2021年合作社带动农户户均增收1.2万元。

合作社以规范化管理运营为保证，谋求合作社全体成员的共同利益，采取"四统一"管理模式。一是统一财务管理。合作社实现会计电算化，为每位成员建立成员账户，统一财务管理，按照农民与合作社交易比例进行年度盈余返还。二是统一采购生产资料。产前统一为成员采购食用菌菌种、生产原料、生产资料等各类菌需物品，保证生产资料的安全性，同时也降低了成本。三是统一技术。产中统一为社员提供生产技术指导，由合作社统一从科研院所及种业公司引进沪猴3号猴菇、灰美2号姬平两用品

菌渣

种、台湾秀珍菇等优质菌种，分配给合作社农户生产。在生产管理上，帮助农户实现产业升级，将合作社农户采用的香菇传统地栽覆土栽培模式

升级为立体层架式栽培，并实现香菇亩产值提高至传统栽培的4倍以上。四是统一销售食用菌。产后统一收购食用菌产品，进行统一销售。统一收购帮销部分，合作社每

特制纳米新材料在姬菇中的应用技术

斤提高0.5元，并将部分食用菌品种制成干品，统一包装品牌销售，利润用于合作社日常经营管理，年终盈余部分再进行分红返还给成员，充分调动起了成员生产积极性。近三年已为成员分红200余万元。这一做法，既为菇农解决了生产销售难题，又为合作社长期稳定发展提供了资金保障。

合作社注册了"百草菌业"品牌，猴头菇、香菇、灵芝品种在2017年通过了国家农产品无公害认证及产地认证，并加入江苏省农产品安全追溯体系。合作社食用菌产品实现从种植到管理到采收再到销售的实时监控、追根溯源，先后获得江苏省消费者放心产品、江苏省优质农产品、江苏省名优特产、江苏省农民专业合作社产品展销会畅销产品奖和中国食用菌商务网上榜品牌等称号。

第十三章
泰州案例

- 小香菇成就大产业
- "蔬菜红娘"的共富梦

小香菇成就大产业

——江苏鸿程食用菌科技有限公司创始人陈余红

2004年，时任泰州姜堰区三水街道桥头村党支部副书记陈余红，为增加村集体经济收入，带领村民从事香菇栽培，当时流转土地30亩，邀请外地香菇栽培能人到本村从事香菇栽培示范。创业之初，他便获得成功，香菇出菇量高，每亩纯利润达万元，当年就收回全部投资。

陈余红

由于示范带动作用明显，香菇生产从业人员逐年增加。随着香菇种植规模的扩大，香菇出现滞销问题，本地消费市场远远不能消化生产供应，而且经常受到经销商价格限制。香菇生产经历了第一次风波。为解决销路，陈余红先后到济南、上海、南京、苏州、无锡、常州、南通、扬州等大中城市考察了解香菇销售行情，结果发现外地市场需求量比较大，而且价格也比本地市场高。为了掌握价格，把控市场，陈余红成立了姜堰鸿翔菇业合作社，香菇种植面积逐步扩大，每亩收益高达2万多元。

2010年9月，陈余红牵头成立江苏鸿程食用菌科技有限公司，注册资金500万元。公司香菇产业面积1万平方米，位于泰州市农溱线现代农业产业带、姜堰区三水街道桥头千亩香菇产业园内，主要从事香菇菌种培育、制作销售、香菇栽培等环节的技术研发、推广、服务。公司吸引周边种植户抱团发展，如今成为江苏省最大的千亩香菇产业园，拥有订单生产香菇大棚1500亩左

陈余红（右二）讲解香菇种植技术

右，订单收购香菇1.3万多吨，年产值9000多万元，亩均效益2.5万元左右。公司获得国家专利证书10项、江苏省农业技术推广三等奖1项，发表论文6篇、团体（地方）标准2项等。公司先后获评科技部"星创天地"、省级重点龙头企业、江苏省农业科技型企业、江苏省民营科技企业、科技型中小型企业、江苏省农产品品牌目录、江苏省农产品"创牌立信"示范单位、江苏特色优势种苗中心、首届江苏"好鲜菇"品鉴金奖、江苏味美菜园、江苏省基层科普行动计划"农村科普先进单位"、江苏省乡土人才"大师工作室"，被列为科技部国家食用菌工程技术研究中心江苏香菇标准化生产示范基地、省级园艺作物标准园、江苏省高素质农民培育示范实训基地（田间学校）。

获得荣誉

为做大做强香菇产业，2010年陈余红投资1000多万元，新建香菇交易市场、菌棒加工车间和生产厂房以及养菌室，引进香菇菌棒机械化生产流水线，改变了传统的一家一户作坊式生产，极

大地提高了生产效率。通过基地建设、菌棒生产、市场流通环节建设，促进了农村一二三产业融合发展。公司实行"五统一"服务模式，即统一品种、统一原料、统一制棒接种、统一技术规程与指导服务、统一收购与品牌销售，确保产品绿色、生态、健康。

近年来，公司引进了菌棒自动化生产线，解决菇农的生产技术难题，推进香菇栽培的工厂化、标准化生产。现拥有研发办公场所1300平方米、香菇交易中心3000平方米、生产车间3000平方米、料场1700平方米，连栋保温养菌棚0.6万平方米、标准钢架栽培大棚8万平方米、冷藏库600立方米，购置木屑粉碎、拌料装袋、高压锅炉、智能灭菌箱、养菌调控、菌棒传送等现代化机械设备40多台（套）。目前，公司主栽品种有3个，即申香18、申香215及L808，均获得国家绿色食品认证。公司创建的"苏福"牌香菇被评为省级著名商标、江苏省名特优农产品，列入江苏省农产品品牌目录。公司生产的产品已进入上海、南京、合肥、苏州、无锡、盐城、泰州等省内外大中城市农贸市场，并被广大市民认可，供不应求。

基地俯瞰图

多年来，江苏鸿程食用菌科技有限公司围绕"产业支撑、龙头带动、基地辐射、农民增收"的发展方向，抓项目、抓特色、抓服务，不断推动农业产业化经营。公司一直与江苏省农业科学院蔬菜研究所、上海农业科学院食用菌研究所、南京农业大学和扬州大学等高校科研院所紧密合作，聘请省内外多位专家教授为常年技术顾问，不断引进新品种、新技术、新设备进行试验，筛选适合本地栽培的优质高产高抗品种及科学适用、省工降本的新型机械设备，研究优质安全高产高效及周年化配套栽培技术在展示基地示范推广。

公司多年摸索总结出的"公司＋合作社＋农户"的产业化经营模式，对成员及周边农户实行从产前到产中、产后的一条龙服务。产前为成员提供优质新品种、推广科学栽培技术、开展技术培训、采购并提供香菇栽培所需原料及辅助材料。产中定期或不定期地组织成员和菇农到展示基地观摩考察新品种、新技术、新设备，邀请专家教授开展技术培训或专题讲座、印发栽培管理技术资料、到栽培大棚进行现场解剖和技术指导等。产后对合作社社员和菇农所产香菇统一收购、分拣包装、品牌销售。

公司还通过流转土地、投入资金搭建钢架栽培大棚和完善水电路沟等基础设施建设，提供养菌成熟的香菇菌棒和技术指导，让部分想发展香菇种植但缺资金、无技术、没土地的农户到基地创业，从事香菇种植。公司先将栽培大棚、菌棒等无偿地提供给农户并负责技术指导，出菇后再与公司结账，确保农户种植不亏本、零风险，切实保护农户利益。

公司通过发展农业产业化经营，与合作社、农户建立分工协作和利益联结机制，通过契约方式，采取保护价收购菇农的产品，建立了较为稳定的产销关系，一定程度上实现了千家万户小生产与千变万化大市场的对接。目前，公司辐射带动了姜堰及周边地区2000多户农户投身香菇产业中，实现户均年收入10多万元、人均年收入3万元以上。

"蔬菜红娘"的共富梦

——泰州市振白生态农业专业合作社联合社负责人朱爱红

朱爱红，1976年出生，中专毕业，是土生土长的姜堰白米人。她创办的家庭农场和农业专业合作社，先后被评为江苏省示范家庭农场、江苏省示范合作社。2019年，她被评为泰州市创业标兵，2020年被评为江苏省乡土人才"三带新秀"、全国优秀农民工，2021年获得了全国巾帼建功标兵称号。

从2015年开始，她先后流转土地1200亩，种植稻麦和大棚蔬菜。在创业

朱爱红

过程中，她先后被政府派送到浙江大学、复旦大学、清华大学接受继续教育，并取得优异成绩，获得结业证书。通过多年的市场开拓，她不仅是种菜能手，还发展成为蔬菜经纪人，与姜堰多个镇、村签订了产销协议。如今，她经营的蔬菜入驻多家知名线上生鲜超市，还在上海设立了多家线下直销店，充分发挥了农民经纪人的纽带作用。朱爱红作为农业经纪人一手"牵"农民，一手"连"市场，被乡亲们亲切地称为"农货红娘"。

为鼓励本地村民承包她的蔬菜大棚、共同致富，朱爱红请求村委会支持。村党总支部书记卢富俊十分赞同朱爱红的想法，经他牵线搭桥，一开始

朱爱红（左一）的事迹被当地媒体报道

就有2名村民被调动起来。不过考虑到风险和投资回报，这2位村民对承包大棚一事还是有顾虑。为了降低村民对风险的担心，朱爱红采取"包销售＋返利"的合作方式。村民种出来的菜不愁销路，由合作社统一分拣、打包、销售。此外，合作社收购1个棚1万斤的菜，就向村民返还1斤5分～1角钱的利息。同时，她还手把手地指导村民蔬菜种植技术，并且积极吸纳年轻人加入电商发展行列。朱爱红的诚意最终打动了大家，她的

朱爱红（中）在指导菜农施用农药

221

承包户不断增加，承包出去的大棚达到了20个。朱爱红相信，在不久的将来，加入种植团队的本地农民会越来越多，而她的经纪人之路也将越走越宽。

从农业经纪人到种植大户，从保护耕地到农事传承，从传统种植到订单农业，"蔬菜红娘"朱爱红，凭借智慧的头脑、勤劳的双手，带领乡亲们闯出了一条"共富路"。相信在千千万万个"朱爱红"的示范带动下，亿万中国农民一定能够创造出更加美好的幸福生活。

第十四章
宿迁案例

- 带领乡亲阔步走上小康路的"蔬菜大王"
- 从农民到省人大代表

带领乡亲阔步走上小康路的"蔬菜大王"

——宿迁市新科蔬菜专业合作社负责人母长才

母长才接受媒体采访

母长才，新蔡村党支部书记，宿迁市新科蔬菜专业合作社负责人。合作社成立于2016年，位于宿迁经济技术开发区南蔡乡新蔡村。全村蔬菜大棚种植面积3000亩，主要种植芹菜、青茄、黄瓜等蔬菜。合作社成立以来，已经从最初种植小社成长为综合性的蔬菜专业合作社，涉及蔬菜种植、批发、零售、技术服务、推广等蔬菜产业多个领域。

新科蔬菜专业合作社在成立之初以芹菜种植为主，在成长过程中克服了众多困难和问题，积累了宝贵的发展经验。

2016—2017年，由于合作社在种植芹菜过程中一味地追求芹菜产量，加上缺乏相关栽培管理技术的支持，随着栽培茬次和年限的增加，土壤肥力下降，以芹菜根腐病为主的土传病害严重等问题逐渐显露。针对这些问题，合作社的种植户最初没有用科学方法解决，而是简单地增加化肥施用量，加大农药施用频率，这也进一步导致土壤板结、次生盐渍化严重，整个地块陷入恶性循环。直到2017年，合作社带头人母长才意识到问题的严重性，寻求外界专业力量解决。他第一时间向江苏现代农业（蔬菜）产业技术体系宿迁推广示范基地专家求助。基地负责人迅速邀请省内专家，现场调研诊断，提出土壤改良技术方案，并积极组织芹菜栽培专项技术培训和现场观摩会。专家们针对土壤改良与保养、芹菜种植模式、茬口安排、品种选择、育苗技术、栽培技术、采收和后期贮存、销售等方面进行技术辅导，并且通过理论与实践相结合的方式，手把手地教学。此外，专家还亲赴现场实地，教农户如何种植好芹菜，确保合作社的每一位社员学习到最先进、最实用的芹菜栽培理念和技术方法。通过一系列关键技术培训学习，即便是第一次种植芹菜的农户，也能够轻松地种好芹菜。除此之外，专家还大力倡导增施有机肥、水肥一体化、茄子–芹菜轮作、病虫害综合防控等关键现代化农业技术。经过一系列关键技术培训学习，合作社面临的土壤连作障碍、病虫害等一系列难题逐步得到改善，产量和效益也稳步提升。

2018年，随着合作社的发展，母长才又意识到新的问题，合作社大部分的大棚老旧程度比较严重，甚至连最基本的避雨保温功能都不具备。同时，棚室的跨度小，很不利于机械化操作。然而设施大棚一次性投入成本高，南蔡乡农业积累不足，金融部门支持力度小，农民筹借资金能力弱，资金缺口大，这些问题严重制约合作社的规模化发展。面对资金难题，母长才没有放弃，积极向银行贷款，2020年前后为解决灌溉和排涝问题，修建水泥渠15千米、桥

母长才（右一）向访客介绍蔬菜种植情况

涵50座，有效解决了夏季雨水旺季造成的蔬菜经济损失；利用后方单位协助，对老旧道路进行提档升级，解决了蔬菜运输问题；同时，向南京农业大学宿迁研究院专门申请科技扶持项目进行帮助，最终为合作社带来240多万元资金，建设了50多个科技大棚。有了新大棚，芹菜也有人种了，很多外出打工的农民见到村里大搞芹菜种植，陆陆续续回乡种植芹菜。

芹菜收获

2020年越冬时节，受疫情影响，日光温室芹菜的价格变化无常，高时曾达到每公斤6元以上，而低时则跌破每公斤1元，甚至烂在地里，加上冬季是一年当中种植成本最高的茬次，合作社亏损严重，资金周转也陷入困难。面对如此严峻的问题，不少社员打起了退堂鼓，打算继续外出打工。在这种困难情况下，一向自信满满的母长才也开始动摇了。就在这进退两难之时，南京农业大学宿迁研究院在调研时了解到合作社的实际情况，立即联合南京农业大学相关专业教授和行业专家及时上门服务。首先，制定了以"芹菜–茄子"轮作种植为主，以花菜、大白菜、辣椒等蔬菜种植为辅的种植模式，合理增加蔬菜产品种类，紧跟市场行情，及时做出预判并充分调整。其次，减少合作社种苗、农药、肥料等投入成本，引进一些相关功能机械，提升用工效率，降低运营成本。除此之外，改变运营体系，提升自身抗风险能力。随着蔬菜市场价格的逐渐稳定，合作社也逐渐摆脱了困境。

母长才说，我们每年都要去南方的一些大型蔬菜交易市场找销路，打开南方的市场，同时，找到市里、省里一些农技专家，为我们老百姓进行蔬菜种植方面基础知识的辅导，解决病虫害的问题，让老百姓种植蔬菜无后顾之忧，也同时让村里的老百姓种蔬菜都能够发家致富，为我们蔬菜产业助力。目前，合作社已带动新蔡村500多人就业。

2021年，宿迁市设施园艺研究院牵头联合省内外芹菜产业链的科教企事业单位共86家成立了江苏省芹菜产业技术创新战略联盟，宿迁市新科蔬菜土地合作社作为副理事长单位是联盟的重要组成部分。2021年，合作社生产的芹菜产品被农业农村部农产品质量安全中心收录为"全国名特优新农产品"。未来合作社将继续在种苗繁育、集约化育苗、栽培模式创新、深加工等方面与宿迁市设施园艺研究院等单位开展产学研联合攻关，助力宿迁市乃至江苏省芹菜产业高质量持续发展。

百尺竿头须进步，十方世界是全身。放眼广阔土地，在各级政府和科研院所的帮助下，母长才没有停下脚步，仍在积极寻求变革，带领合作社寻找更加稳定的产品销路，开发下游特色产品，增加产品的溢价能力和提升附加值，提升农民收入水平。

从农民到省人大代表

——泗阳县百春锦蔬菜专业合作社负责人周相民

周相民，泗阳县百春锦蔬菜专业合作社理事长，江苏省劳动模范，江苏工匠，江苏省农民创业状元，江苏省乡土人才"三带"行动计划首批培养对象，连续4届宿迁市人大代表，江苏省十三届人大代表、

周相民

常委会委员，江苏省十四届人大代表。他总说自己是个农民，但这个农民却不简单。

2006年，村里时兴外出打工，不少土地撂荒。然而，43岁的周相民却觉得外出打工不如自己创业。他决定从蔬菜大棚做起，流转100多亩土地，春夏秋3个季节种时令蔬菜，冬季种反季节蔬菜。凭借自己曾做过蔬菜良种繁育科研工作积累的经验，及丰富的蔬菜栽培管理技术，再加上自己的苦心经营，第一年他就取得了相当不错的收益，蔬菜种植亩均收益超过万元。

随后，他联合当地6位菜农，加大土地流转力度，既解决了当地土地流转问题，又挑起了高效农业发展的"大梁"，牵头成立了蔬菜专业合作社。在生产经营中，他严格按照科学规程生产，聘请南京农业大学、江苏

省农业科学院等科研院所的专家作为技术后盾，在蔬菜生产中实施"五统一"——统一品种、统一技术、统一肥药、统一品牌、统一销售。同时，加大新品种、新技术引进力度，探索推广立体套作高效种植模式，提高复种指数，增加产品的竞争力，提升蔬菜种植效益。

经过不懈努力，合作社投资建起了高标准钢架大棚400栋，总面积达1210亩。合作社生产的农产品中有18个被农业农村部认证为无公害农产品，1个被认证为绿色食品，2个被中绿华夏有机食品认证中心认证为有机农产品。合作社生产的产品先后销售到上海、南京、苏州、无锡、常州、淮安等省内外城市及宿迁市的机关学校等多家单位。2014年，周相民创建"劳模工作室"，无偿为贫困户、低收入户提供种苗技术和产品销售等服务，《人民日报》《工人日报》报道了他的相关创新经验和做法。合作社先后被评为国家级农民专业合作社示范社。合作社注册的"向民"牌商标被评为省级著名商标。

周相民带领当地农户种植蔬菜

"一家富不算富，一村富才叫富"。作为一名省"三带"名人，周相民始终把村民的共同富裕放在心上。他长期扎根农业生产一线，致力于农业技术改进与推广，增强农民致富本领，带领村民脱贫致富，助力乡村振兴。他充分利用当地冬季种植反季节蔬菜的优势，通过"龙头企业＋专业合作社＋基地＋农户"的发展模式，走"四位一体、抱团发展"之路，建成以东风村、龙门村、陶圩村、卜湖村为核心的蔬菜种植示范区和带动区，把蔬菜的种植生产和加工、销售有机结合起来；拓宽销售网络，实现"农超对接"，使合作社绿色蔬菜成功进入大型连锁超市销售，在市场竞争中找到了自己的定位，取得了有效发展空间，赢得了很高的声誉。

周相民向种植户传授蔬菜栽培技术

合作社成员王巧玲说："本来我是在外面打工的，知道周相民在这个地方开办农民合作社，就回来流转了四五亩菜地，加入合作社，一年能赚十几万元。"周相民充分发挥致富带头人的作用，有组织、有计划地引导贫困户和低收入户及周边农民发展蔬菜生产，不断增加他们的收入。他一有空就深入田间地头搞调查，进行科学研究，帮助菜农找准发展目标。他根据村民不同情况分别予以引导，有的成为产业工人，有的成为蔬菜种植大户。

为帮助农户种菜致富，周相民先后到山东、北京等地考察学习，引进新品种、新技术，邀请专家为社员开展蔬菜技术培训1360人次。合作社已经吸纳社员516户，近三分之一是建档立卡的低收入农户，低收入农户就业人数有130余人。合作社顺利帮助多家贫困户走出了贫困，成为当地引领致富的一面旗帜。

筚路蓝缕创业，浓浓深情惠农。创业17年来，周相民矢志不移扎根沃土，在他挚爱的乡土上砥砺前行。他创建的泗阳县百春锦蔬菜专业合作社已成为当地乡村振兴示范项目。现在的泗阳县城厢街道东风村，在他的影响下形成了头雁领飞、群雁齐追干事创业的好局面。从一个农民，到今天的江苏省人大代表、常委会委员，履职17年来，他心系"三农"，从关心乡亲们的收入、生产生活和村镇规划建设，到参政议政，一路走来，浸透着辛勤汗水、饱含着责任担当。参加人民代表大会期间，他积极献言献策，先后提出议案、建议35条，其中2条被评为优秀建议。

头雁领飞富民路，履职尽责勇担当。"省里给了我'三带'名人的荣誉、人大代表的职责，我就要担起责任，继续多跑、多问、多听、多想、多做，把广大农民的心声和意愿反映出去，让他们的问题得到有效解决。"周相民如是说。

后　记

　　产业兴旺是乡村振兴的基础和关键。蔬菜产业是农业农村经济的重要支柱产业之一，也是一个重要的民生产业，蔬菜经营收入已成为许多农民家庭收入的重要来源。江苏蔬菜产业在全国蔬菜产业中占有重要地位，为全国蔬菜保供做出了重要贡献。从国内相关因素分析，江苏发展蔬菜产业具有良好的资源和生态环境、区位和经济实力以及较强的科技优势。从农业产业内部分析，蔬菜产业具有比较效益高、产业规模大、吸纳劳动力强等优势。

　　从2017年开始，在江苏省现代农业（蔬菜）产业技术体系项目的资助下，由我牵头，以体系首席专家作为决策咨询支撑，以江苏省农业科学院农业经济与发展研究所科研人员作为产业经济研究力量，以体系岗位专家作为各类蔬菜条线的研究指导，以体系各示范基地作为固定观察点，形成了江苏省现代农业（蔬菜）产业技术体系产业经济研究团队，开展蔬菜产业经济研究工作。几年来，我们不仅获得了大量的一手调研数据和研究结果，也发表了十几篇研究论文，撰写了近十篇政策建议，获得过成果奖项，为江苏蔬菜产业发展提供了一定的决策咨询支撑。

　　尽管近年来江苏省蔬菜产业取得了巨大成就，但仍然存在菜农老龄化、产业链不完善、经营机制有待创新、龙头企业较少等问题，蔬菜产业发展迫切需要新农人注入新活力。为此，我们梳理了近年来江苏省涌现的蔬菜新农人典型案例，提炼出可持续、可复制、可推广的先进经验，并将这些案例结集出版，以期为江苏省现代农业产业技术体系推出更多"苏粮新农人""苏牧新农人""苏渔新农人"探路破局。本书的出版既是对江苏蔬菜产业发展成就的集中展示，也是对蔬菜新农人发展壮大的引导激励，希望为推进江苏蔬菜产业健康发展提供一定的参考借鉴。

本书是集体智慧和辛勤劳动的结晶。我由衷地感谢江苏省蔬菜产业技术体系首席专家王伟明研究员和首席顾问侯喜林教授对本书编写工作的鼓励、督促和指导；感谢江苏省蔬菜产业技术体系各基地踊跃提供素材，积极配合调研；感谢江苏农科传媒公司吴爱民研究员、李渊编辑、于丹编辑对本书文稿的修改完善；感谢中国农业出版社的同仁。在大家的鼎力支持下，本书得以高质量出版。

由于时间仓促和水平有限，书中错误和不妥之处在所难免，特别是江苏省各地级市之间的案例数量尚不平衡，未来我们将择机推出《苏菜新农人（第2期）》，力争达到百例。恳请同行和读者不吝指正。

朱方林

2023年6月